Daily JAZZ Piano RECIPE 1
WALKING BASS

최동규 편저

데일리
재즈피아노레시피
워킹베이스

세광음악출판사

PREFACE

재즈 피아노와 클래식 피아노

클래식 피아노를 연주하고 지도하는 분들은 해당 작품의 시대적 해석과 악보의 해석을 통한 연주 방법에 초점이 맞추어져 있다면, 재즈 피아노의 경우, 멜로디의 선율에 어떠한 화성과 리듬 스타일로 연주할까에 초점이 맞추어져 있다고 할 수 있습니다.

클래식의 기초 교육은 악보를 정확하게 보며 연주하는 '독보' 능력으로 시작된다면, 재즈 피아노는 주어진 멜로디와 코드 악보를 보고 어떠한 코드와 리듬으로 자신의 스타일을 개성 있게 연주하고 표현해 낼지, 또한 화성에 어떠한 음과 리듬을 선택해서 즉흥연주로 표현해 낼지가 중요한 요소입니다. '즉흥연주'라고 하면 막연하고 어렵게 느끼시는 분들도 계시겠지만, 각 코드에서 활용되는 코드의 구성음과 다양한 스케일들의 선택과 리듬의 조합을 통해 누구나 할 수 있는 영역이랍니다.

〈데일리 재즈 피아노 레시피〉 시리즈는, 재즈 피아노를 연주하고 지도함에 있어 필수적인 워킹 베이스를 시작으로 컴핑(예비 컴핑, 양손 컴핑), 스트라이드 스타일, 보사노바 리듬, 즉흥연주(솔로)의 커리큘럼으로 구성되어 있습니다. 특히, 클래식 피아노만을 연주하였거나 재즈를 처음 접하는 분들도 공부를 할 수 있게끔 순차적이고 체계적으로 단계를 나누어 구성하여, 누구나 쉽게 시작할 수 있습니다.

그럼 함께 시작해 볼까요?

CONTENTS ✦

첫 번째 시작으로 오른손은 재즈 작품의 멜로디를 연주하고, 왼손은 베이스의 음역에서 활용하는 방법을 배워보겠습니다.
이를 위해 가장 먼저, 재즈 작품을 연주하며 빼놓을 수 없는 스윙 리듬을 이해하고 연습해 봅시다.

스윙 리듬
(Swing Rhythm)

재즈 작품을 연주하다 보면 위와 같은 표시가 되어있는 악보를 볼 수 있습니다. 재즈 작품을 연주하며 가장 빈번하게 만나는 리듬 중 하나인 스윙 리듬에 대해 이야기해 볼까요?

스윙 리듬은 '흔들거리다'라는 단어의 유래답게 규칙적으로 되풀이되는 특유의 당겨지는 리듬을 말합니다. 당김음의 특징으로 인해 정박에 비해 박자가 약간 빠르거나 느려지는 특유의 리듬감을 만들어내는 것이 특징으로 오늘날에도 재즈에서 빠뜨릴 수 없는 중요한 요소로 손꼽힙니다.

이 리듬의 가장 큰 특징은 위의 음표와 같이 4분음표(♩)를 2개의 8분음표(♫)로 나누어 정박에 연주하던 리듬을 셋잇단음표(♩ ♪)로 삼등분하여 2:1의 길이로 연주하는 특징이 있습니다.

(여기서 한 가지 꼭 알아둘 부분은, 스윙 리듬은 유명한 연주자마다 리듬 표현이 다를 정도로 딱 떨어지게 표기를 하기 어려우니 그 리듬을 음표로 표기한 것 중 가장 대중적인 표기가 위의 셋잇단음표 표기임을 먼저 이야기합니다.)

처음 스윙 리듬의 표기를 마주친다면 8분음표를 정박으로 '하나 두울'과 같이 연주하는 것이 당연했던 학생들이나 연주자들에게는 당혹스러움을 주기에 충분합니다. 앞으로 우리가 본 교재에서 재즈의 작품들을 연주하기 위해서는 이 '스윙 리듬'과 친해지고 익숙해져야 하는데, 이를 위해 8분의 6박자를 먼저 살펴보겠습니다. 8분의 6박자의 경우, 클래식 작품들만을 연주해 보았던 학생들이나 일반인들에게도 익숙한 박자이지만 그럼에도 4박자 계열의 작품만을 연주하다가 8분의 6박자를 처음 만나게 되었을 때, 누구나 한 번쯤 생소함을 경험했으리라 생각됩니다. 이 8분의 6박자를 통해 스윙 리듬의 카운트가 조금 더 친근해질 수 있으니 함께 살펴봅시다.

8분의 6박자의 경우, 한 마디에 8분음표가 6개 들어가는 리듬이기 때문에 카운트를 셀 때 '하나 둘 셋 둘 둘 셋' 혹은
'One and a Two and a'와 같이 한 마디에 6개의 박을 세게 되는데, 함께 입으로 박을 세면서 아래의 악보를 연주해 볼까요?

이번엔 아래의 악보를 연주해 봅시다.

그렇다면 이번에는 이 리듬을 8분의 12박자에도 적용해서 아래 악보를 보며 연주해 봅시다.

이렇게 악보를 보며 연주해 보면, 하나의 박을 3개로 나누어 세며 연주하는 과정이 익숙해질 것입니다.

이번에는 4분의 4박자 스윙 리듬 악보를 보며 연주해 봅시다.

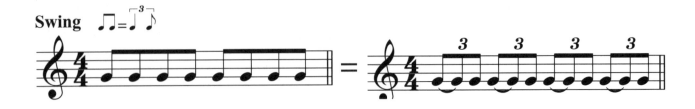

앞서 연주했던 8분의 12박자처럼 4분의 4박자의 한 마디 안에 셋잇단음표 12개의 카운트가 생기게 되고, 그중 2:1의 길이로 리듬이 연주됩니다. 그리고 두 개의 리듬 중 뒤의 리듬인 두 번째 리듬에 무게를 더 실어서 연주를 하는 것이 일반적이며, 우리가 처음으로 8분의 6박자와 같이 리듬의 카운트가 바뀌게 되면 생소함이 있었던 것처럼, 스윙 리듬의 경우도 왜 카운트가 생소한지를 이해하고, 점차 익숙함으로 바꿀 수 있을 것입니다.

TIP

스윙 리듬 연습 악보 중에 두 개의 8분음표 중 두 번째 8분음표에 악센트 표시가 있는 경우들을 종종 볼 수 있는데, 이는 스윙 리듬의 필(Fill)을 표현하기 위한 표기로, 중요한 것은 두 번째 음을 '크게' 연주한다기보다 '무게감을 더 실어준다'라는 개념으로 리듬 연습을 하는 것이 효과적입니다.

자, 그러면 이제 스윙 리듬을 활용하여 멜로디를 연주해 볼까요?
본 교재에 QR로 수록된 드럼 비트에 맞춰 악보를 정확하게 연주해 봅시다.

이와 더불어, 다양한 재즈 피아니스트들의 연주를 들어보면 스윙 리듬의 표현이 모두 다른 것을 알 수 있는데, 예를 들면 윈튼 켈리(Wynton Kelly), 오스카 피터슨(Oscar Peterson), 키스 자렛(Keith Jarrett)과 같은 세계적인 재즈 피아니스트들 모두 자신만의 리듬 터치와 질감을 가지고 있는 것을 볼 수 있으니 다양한 스윙 리듬의 작품들을 많이 들어보기를 추천합니다.

드럼 비트 활용 연습법

본 교재에 수록된 모든 연주곡은 드럼 비트와 함께 연주할 수 있습니다.
각 곡마다 상단에 위치한 드럼 비트 QR(Swing 80, 100, 120)에 맞춰 연습이 가능하고,
이 외에도 자신에게 맞는 다양한 빠르기의 드럼 비트와 함께 수록곡을 연주할 수 있습니다.
아래 QR에 수록된 스윙, 셔플 드럼 음원을 활용하여 나에게 맞는 빠르기로 연주해 보세요.

스윙(Swing)   **셔플(Shuffle)**

위의 장르 외에 더 다양한 드럼 비트가 필요하시다면
아래의 QR을 통해 만나 보실 수 있습니다.

chapter
①

멜로디 기초 연주

Melody + Root 연습

All of me

~ Gerald Marks, Seymour Simons ~

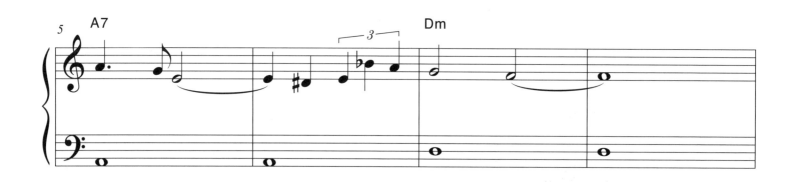

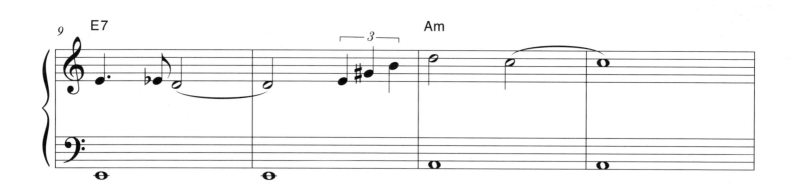

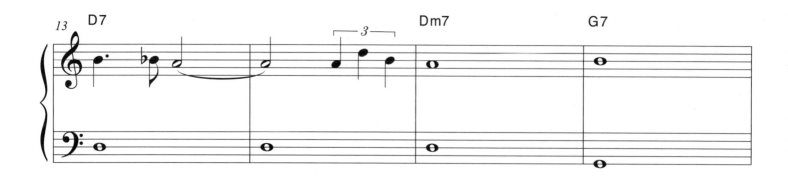

연습 TIP

QR로 수록된 드럼 비트에 맞춰 연주해 봅시다.
더욱 다양한 빠르기로 연습하고 싶다면 7p의 QR을 참고하세요.

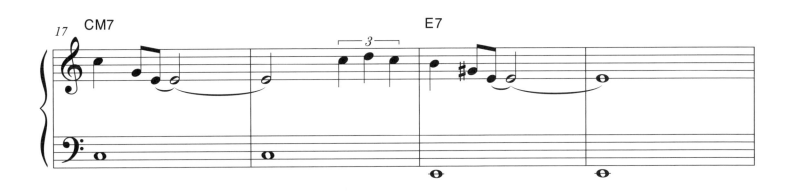

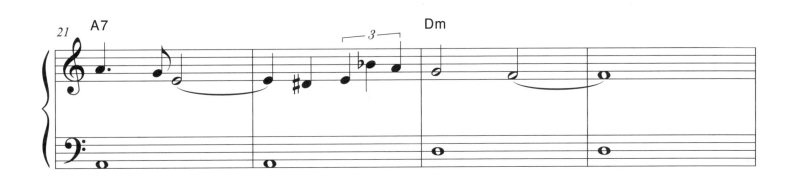

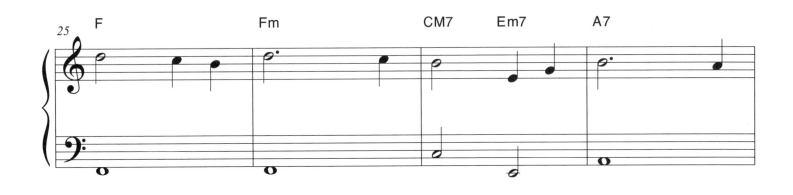

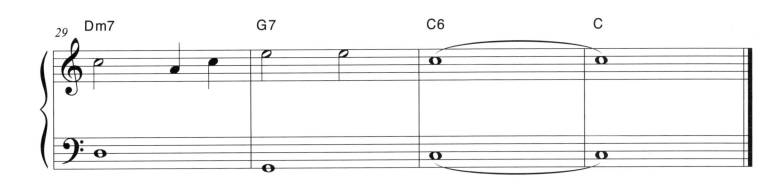

Afternoon in paris

~~ John Lewis ~~

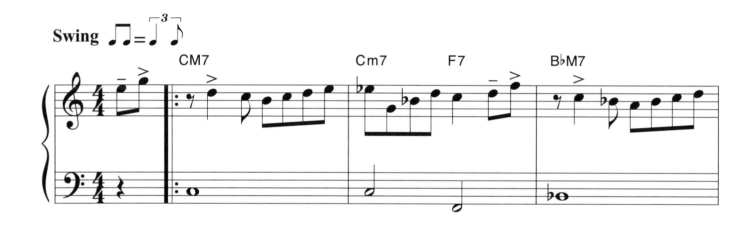

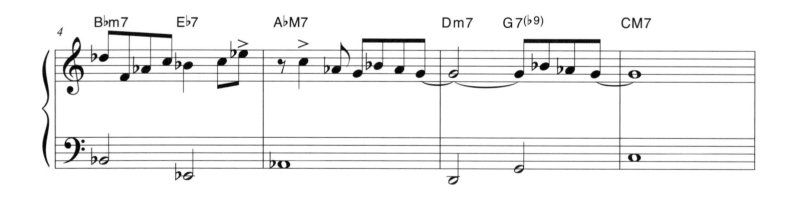

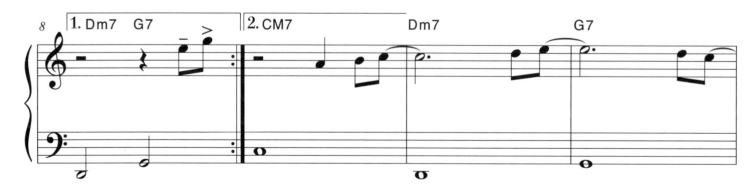

본 교재는 악보의 편의를 위해 못갖춘마디로 시작하는 곡의 종지를 모두 갖춘마디로 표기하였습니다.

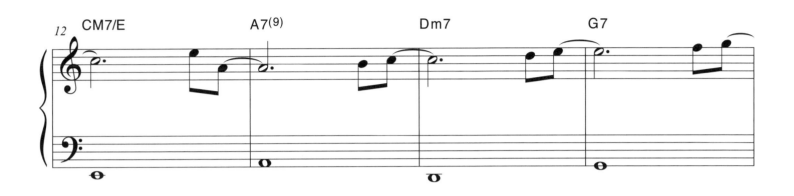

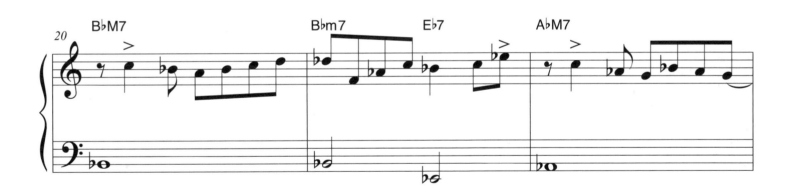

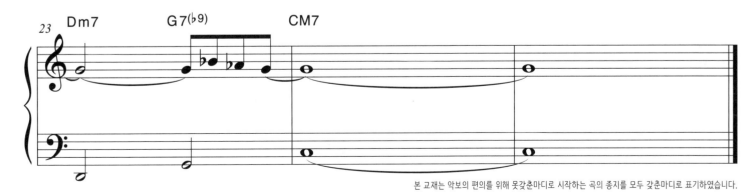

본 교재는 악보의 편의를 위해 못갖춘마디로 시작하는 곡의 종지를 모두 갖춘마디로 표기하였습니다.

Fly me to the moon

~~~ Bart Howard ~~~

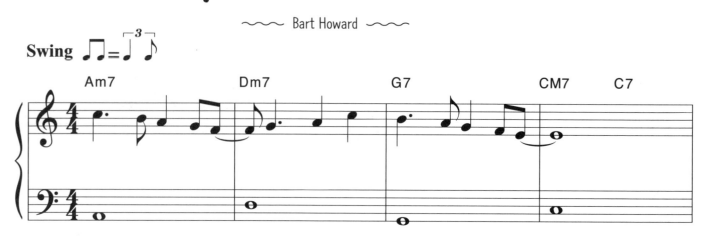

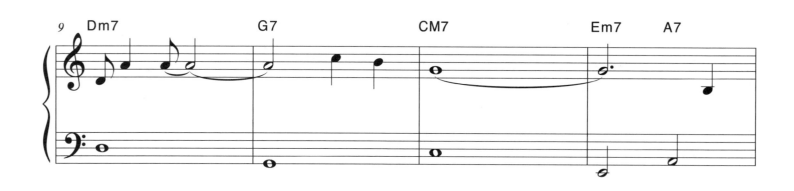

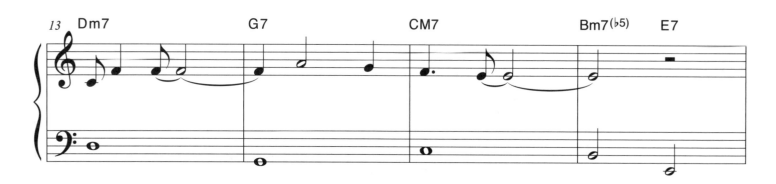

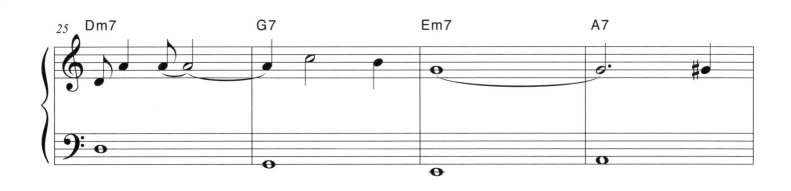

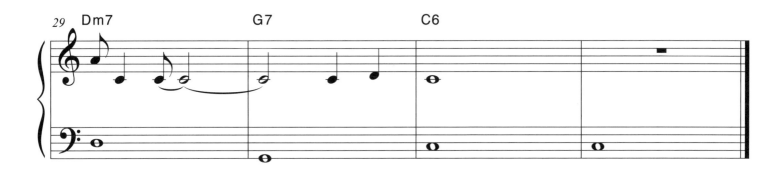

There will never be another you

~ Harry Warren, Mack Gordon ~

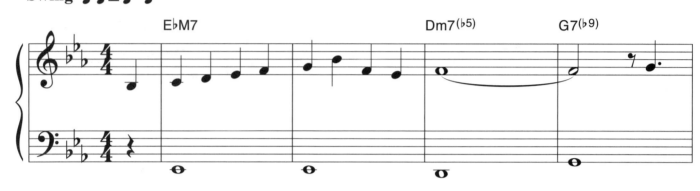

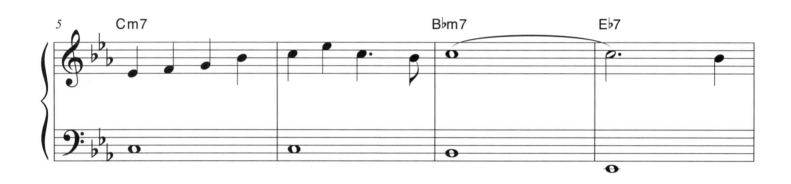

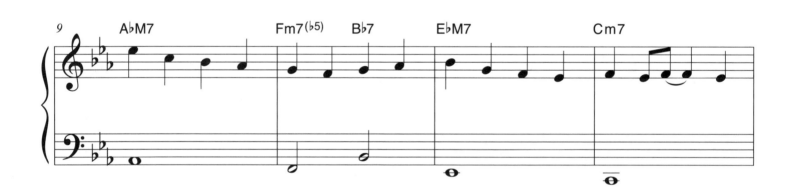

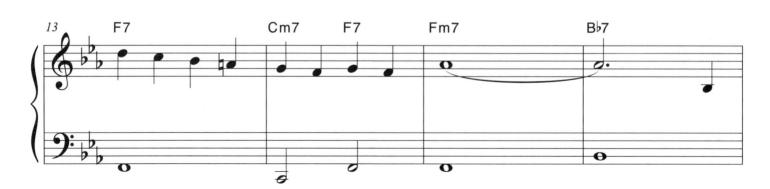

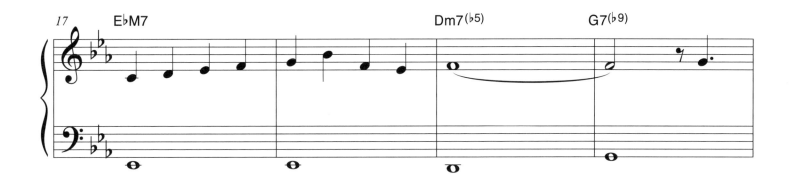

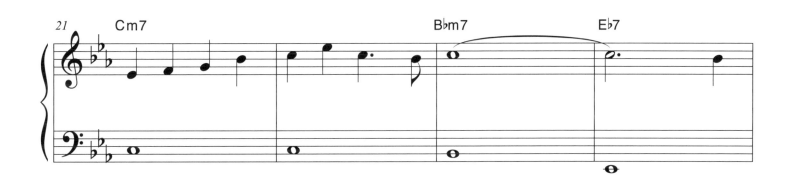

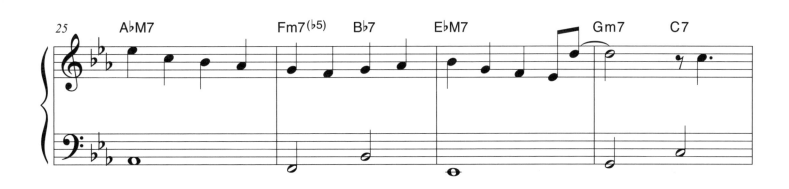

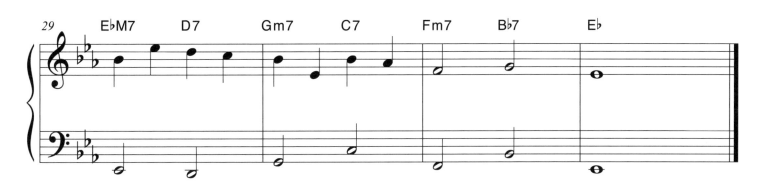

How high the moon

~~~~ Morgan Lewis, Nancy Hamilton ~~~~

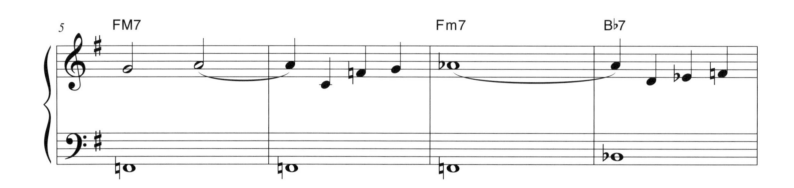

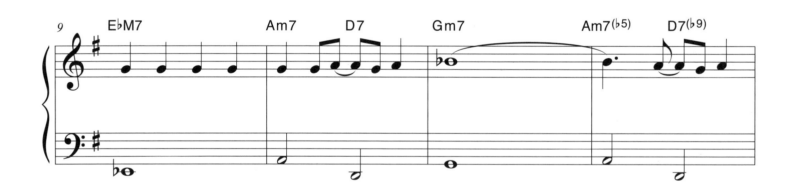

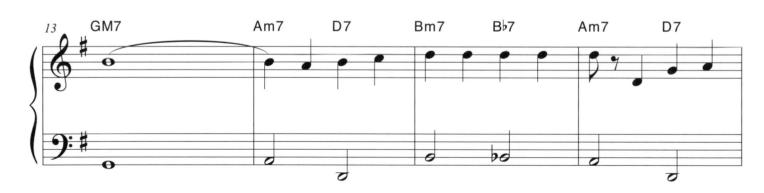

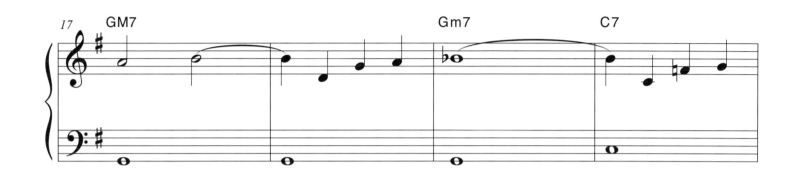

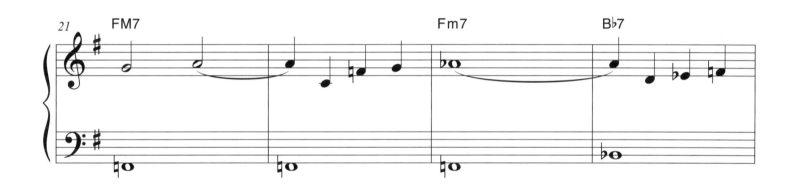

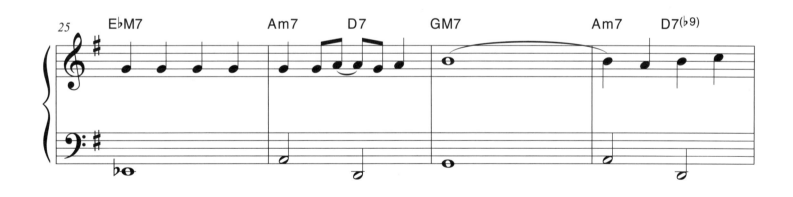

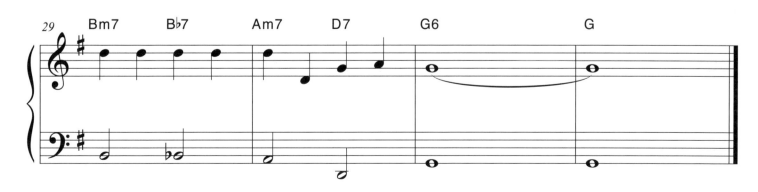

워킹 베이스 1　19

Just friends

John Klenner, Samuel M. Lewis

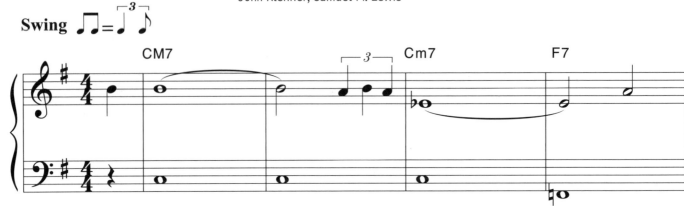

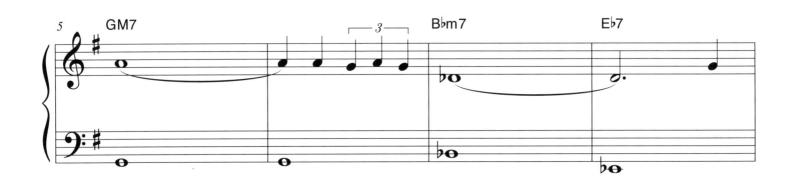

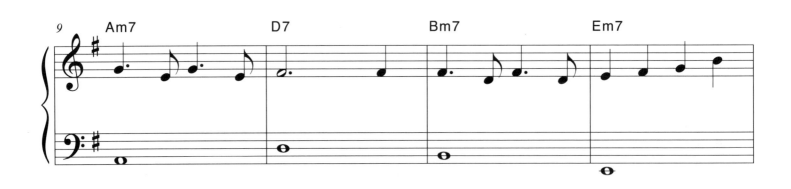

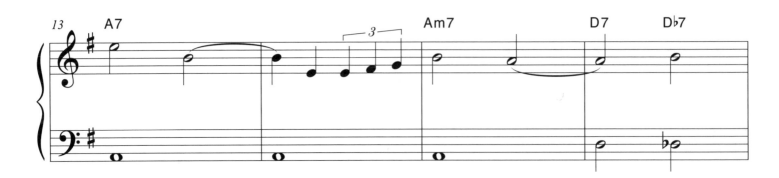

Swing 80

Swing 100

Swing 120

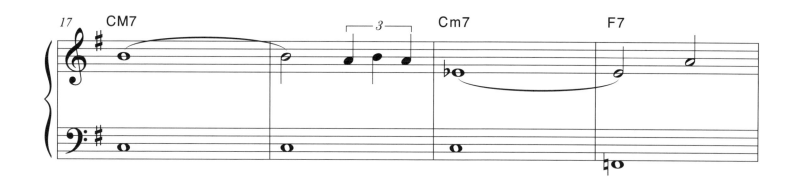

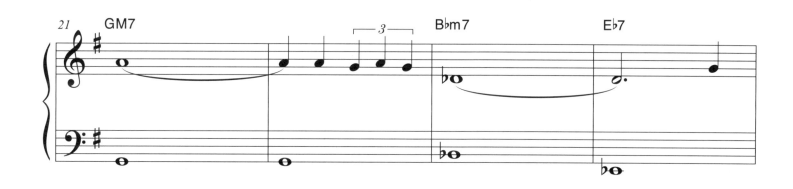

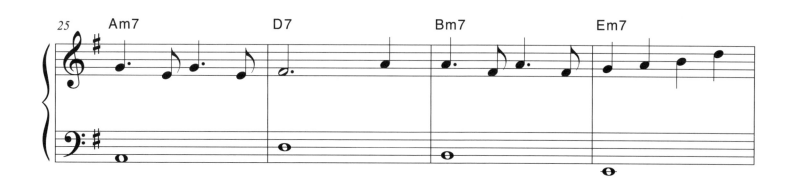

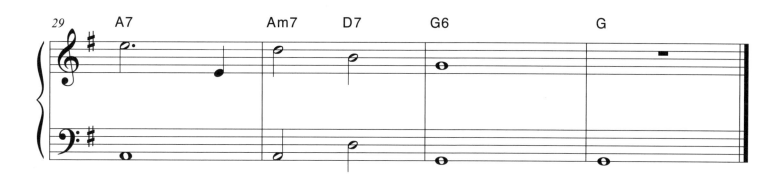

There is no greater love

~ Marty Symes, Isham Jones ~

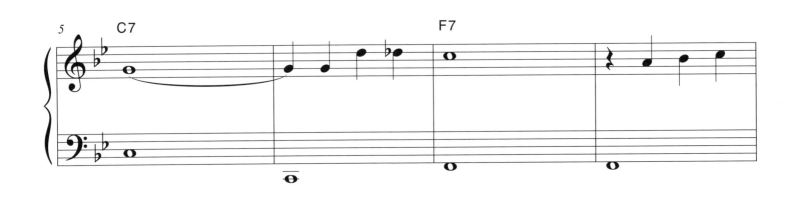

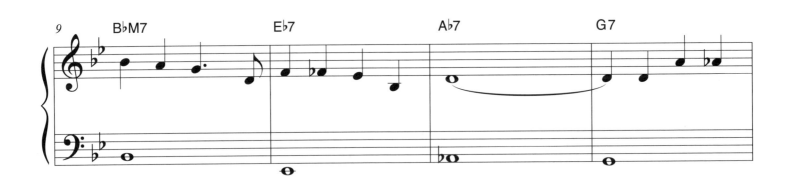

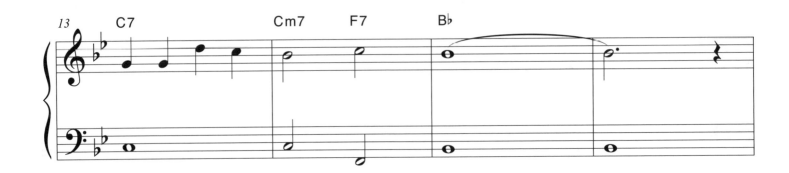

Swing 80   Swing 100   Swing 120

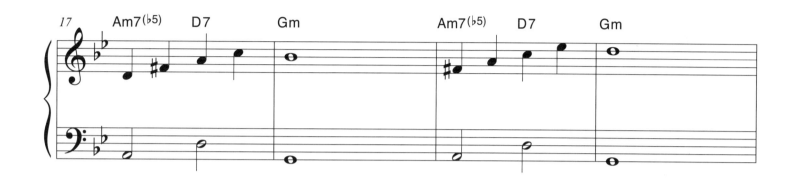

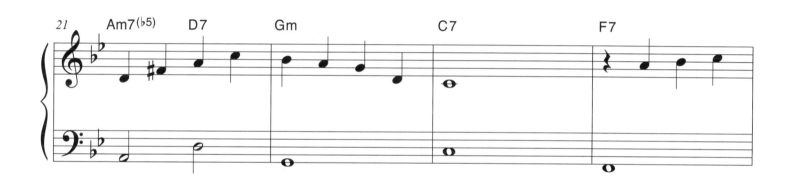

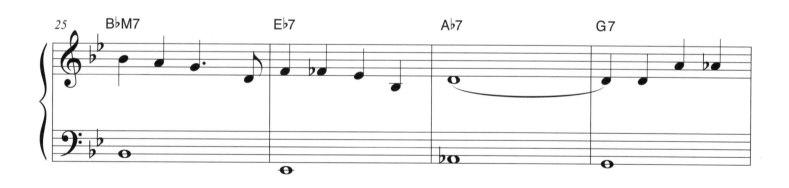

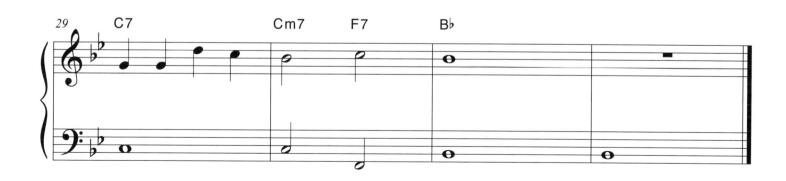

Autumn leaves

Joseph Kosma, Jacques Prévert

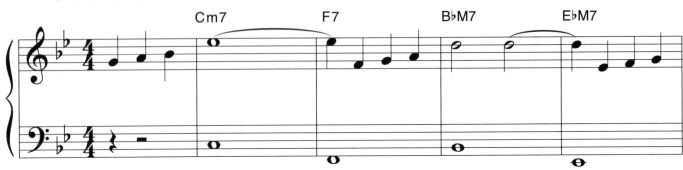

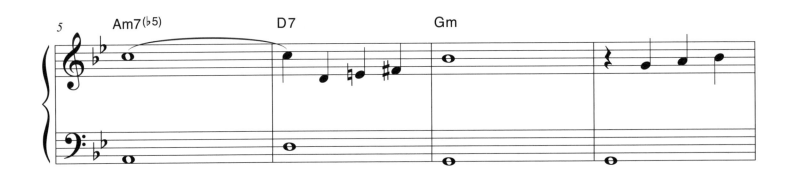

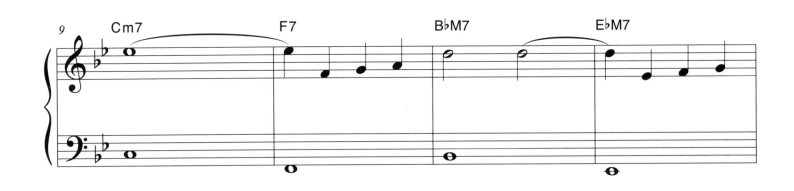

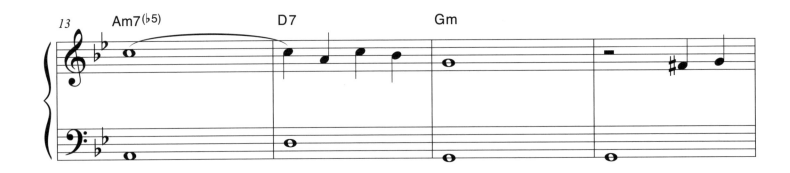

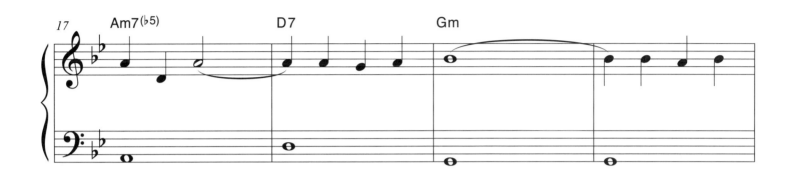

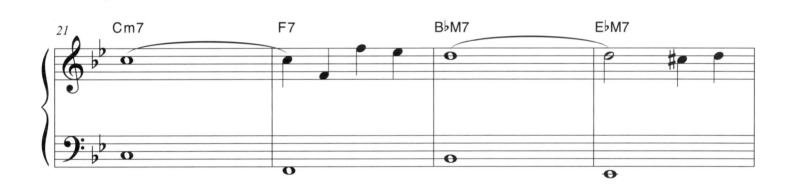

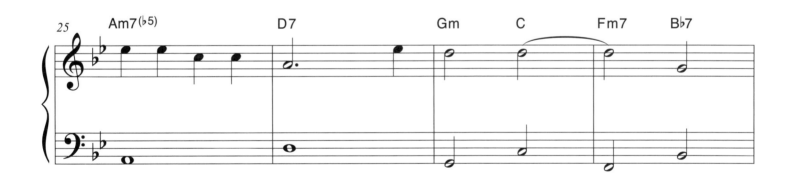

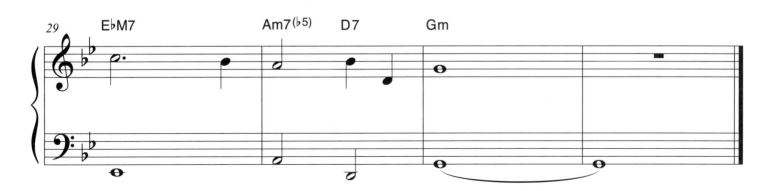

The days of wine and roses

Henry Mancini, Johnny Mercer

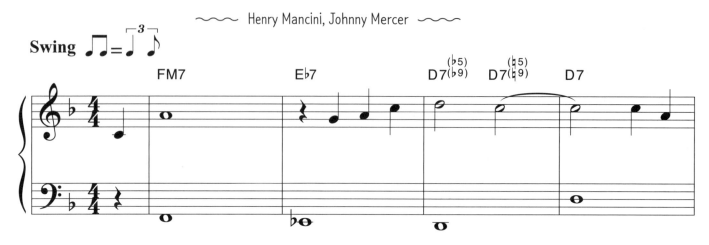

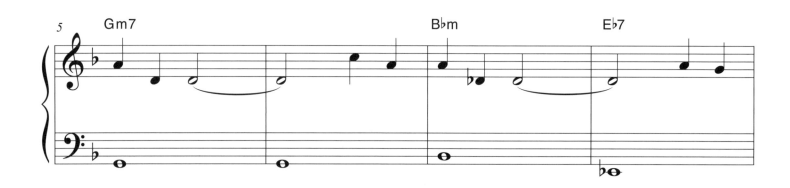

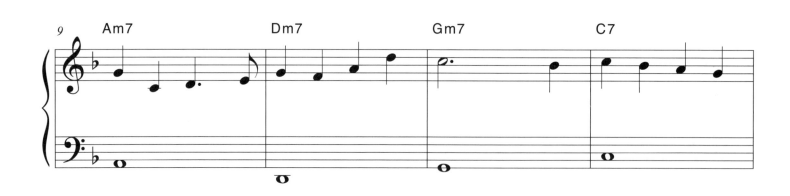

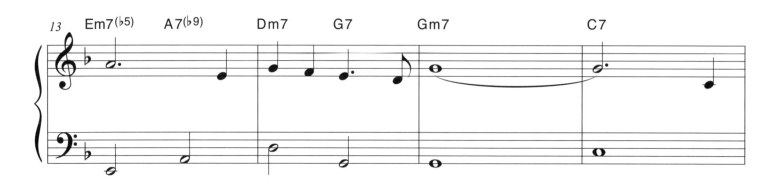

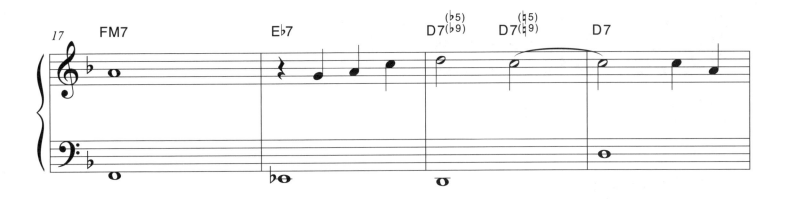

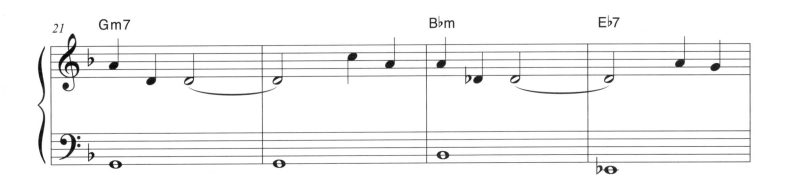

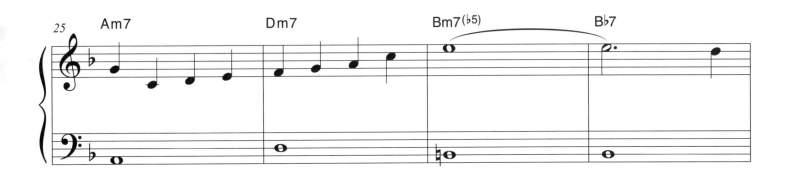

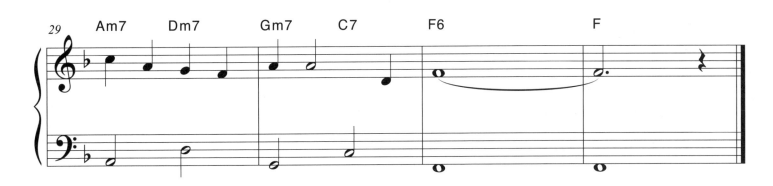

chapter
2

워킹 베이스 ① (Walking Bass)

1음 연습

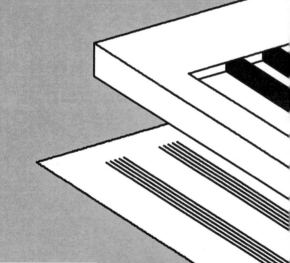

① 1음 연습

우리가 적용해 볼 첫 번째 워킹 베이스 패턴은 코드의 근음(Root)을 4분음표로 연주하는 1음, 1음, 1음, 1음 활용입니다. QR로 수록된 드럼 비트에 맞춰 악보를 정확하게 연주해 봅시다.

워킹 베이스(Walking Bass) 주법은, 재즈 작품의 연주에서 베이스 연주자의 대표 주법 중 한 가지로 주로 스윙 재즈에서 많이 활용됩니다. 4분음표로 구성된 베이스 라인을 손가락으로 튕기며 연주합니다. 다양한 워킹 베이스 패턴을 익히고 피아노로 함께 연주해 봅시다.

✦TIP: 왼손 워킹 베이스 리듬의 2번째와 4번째 박자 터치에 마치 테누토(▔)와 같이 무게감을 더 실어주는 것이 워킹 베이스 연주의 일반적인 리듬 표현 방법입니다.

All of me

~~~ Gerald Marks, Seymour Simons ~~~

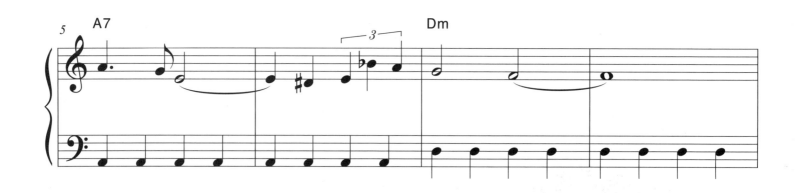

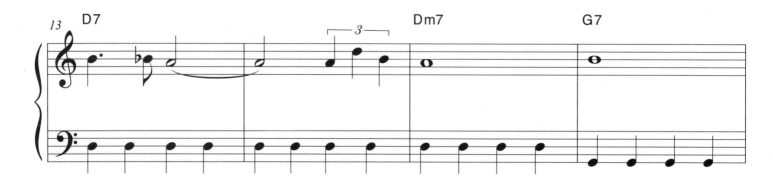

연습 TIP

왼손의 베이스음은 멜로디의 진행이나 울림에 따라 더 낮거나
높은 옥타브 위치에서 연주할 수 있습니다.

Swing 80 Swing 100 Swing 120

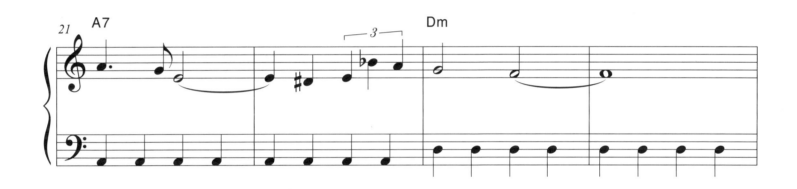

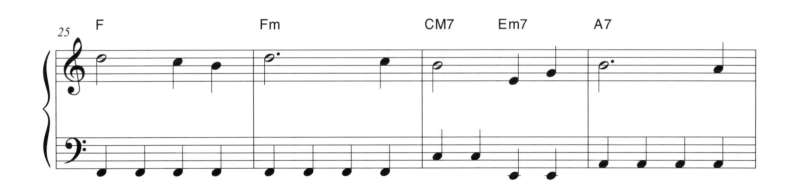

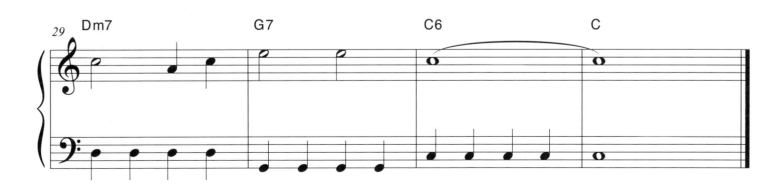

Afternoon in paris

~~ John Lewis ~~

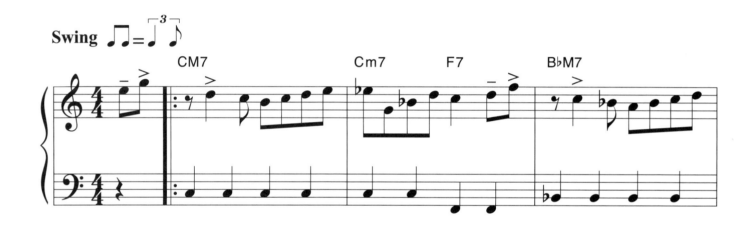

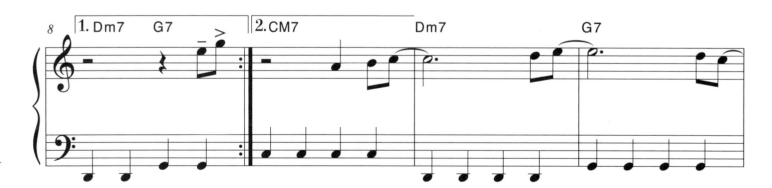

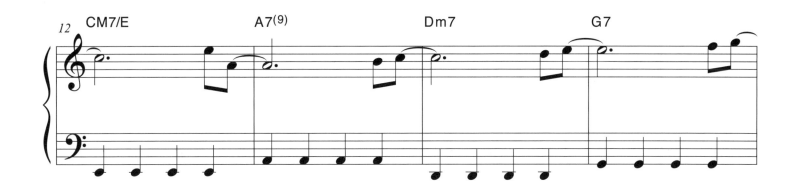

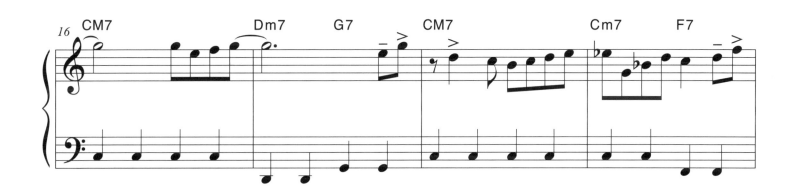

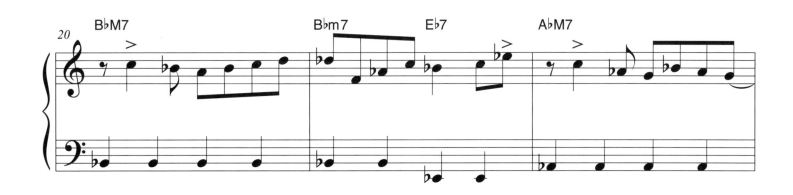

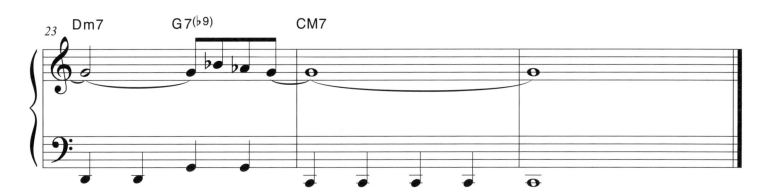

Fly me to the moon

~~~ Bart Howard ~~~

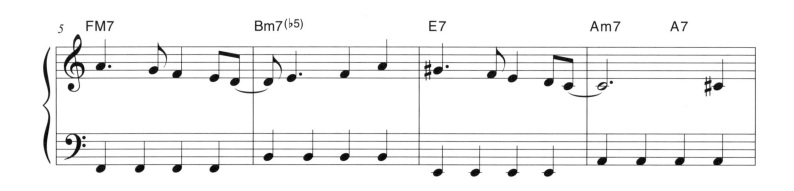

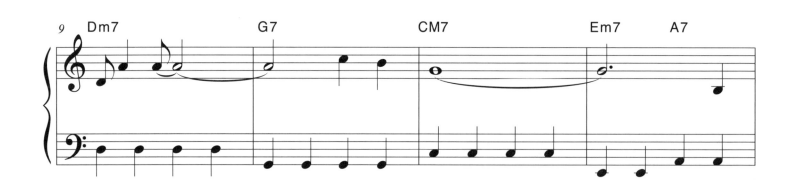

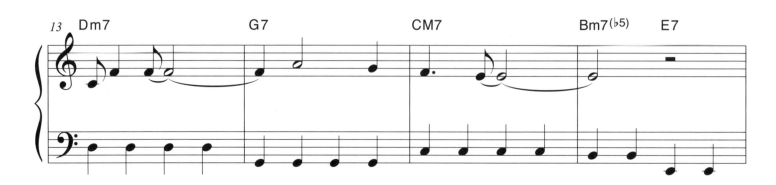

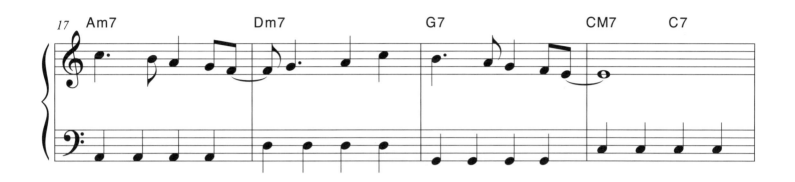

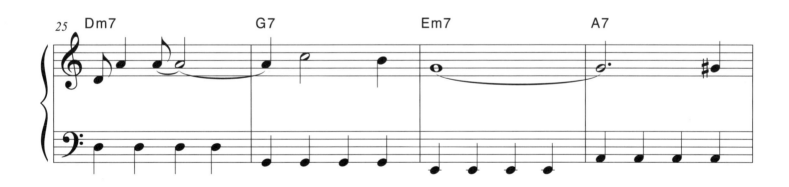

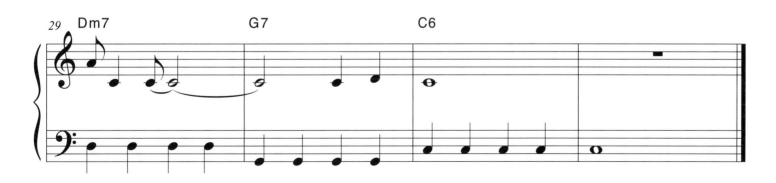

There will never be another you

~ Harry Warren, Mack Gordon ~

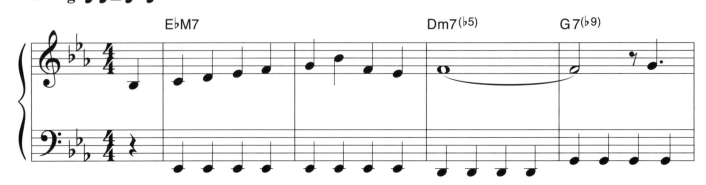

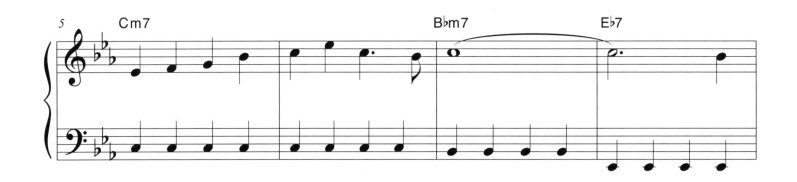

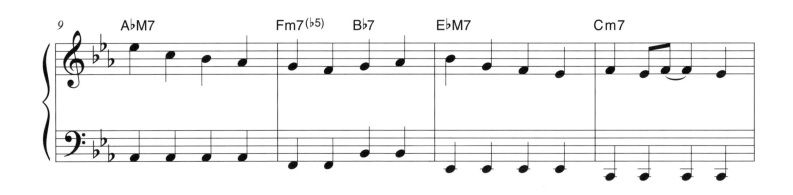

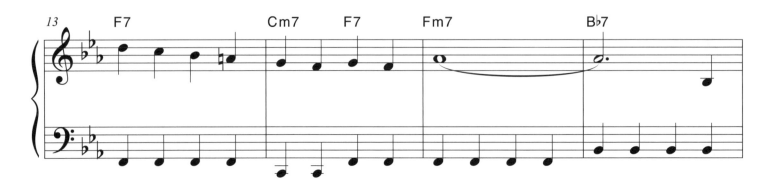

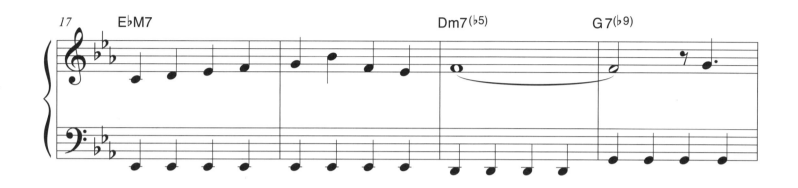

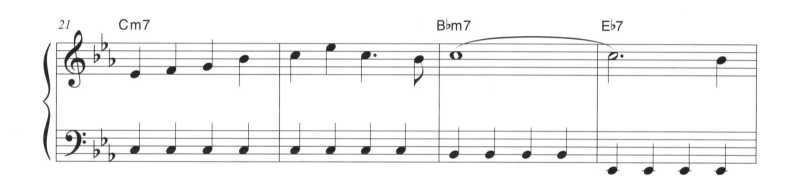

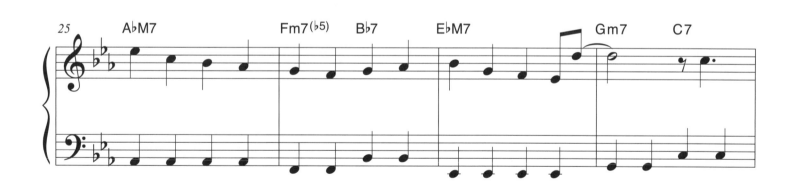

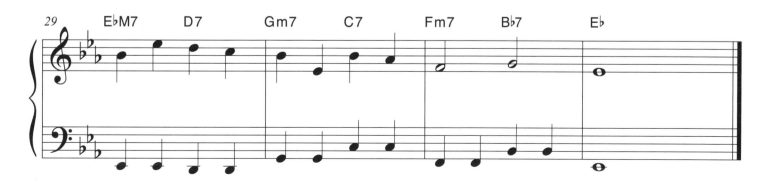

How high the moon

Morgan Lewis, Nancy Hamilton

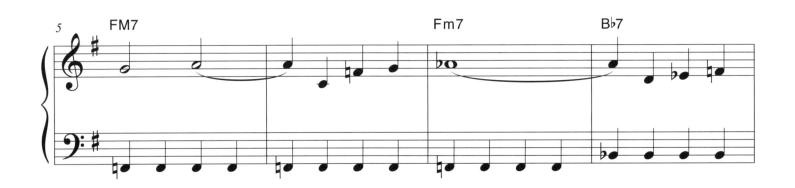

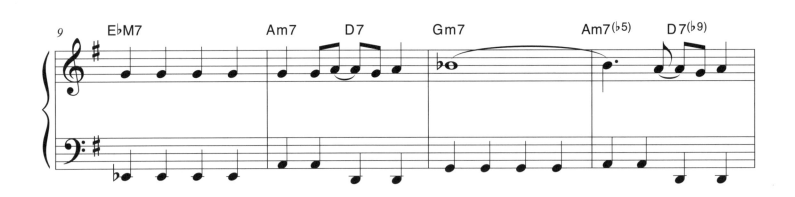

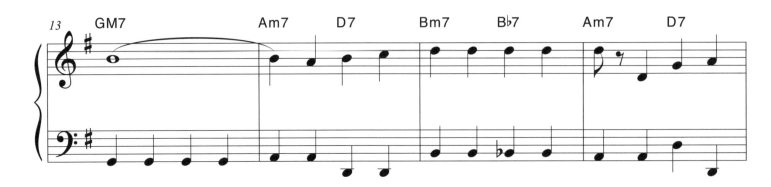

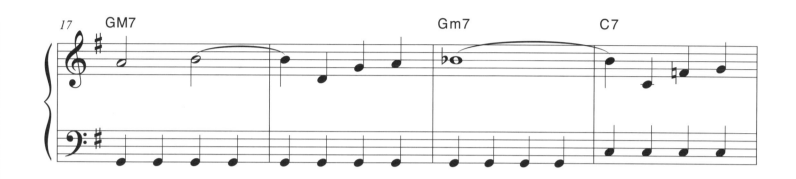

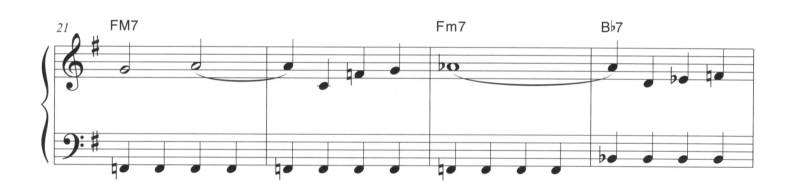

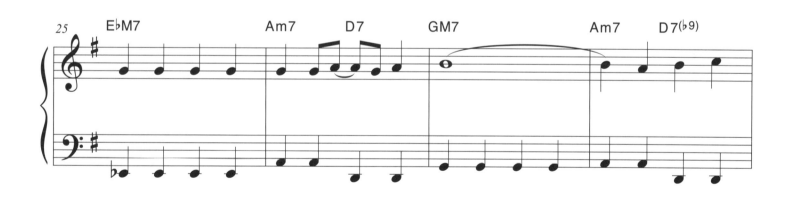

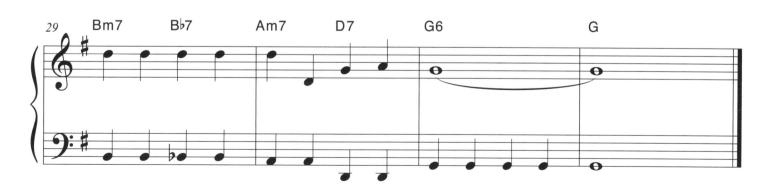

Just friends

~~~ John Klenner, Samuel M. Lewis ~~~

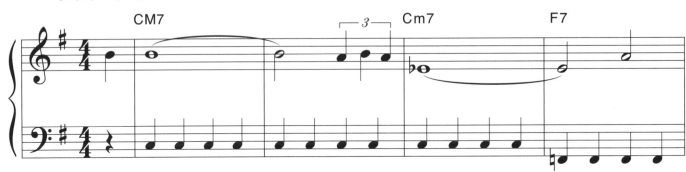

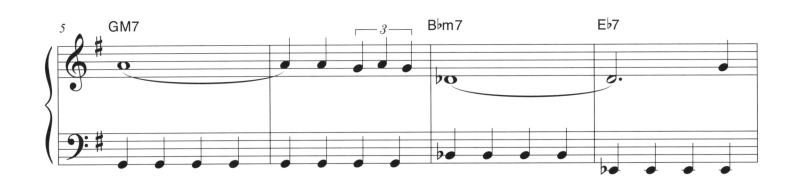

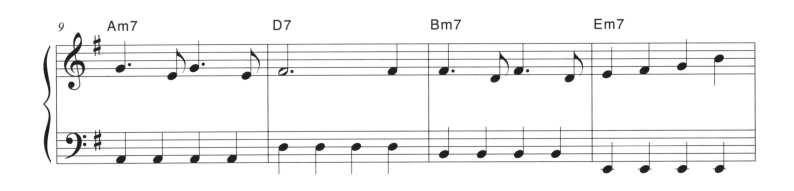

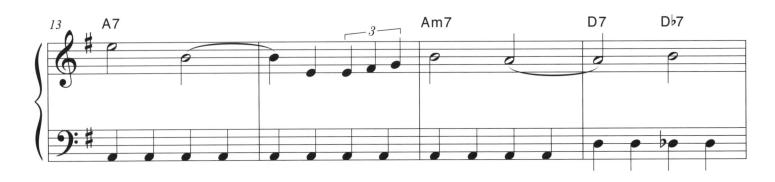

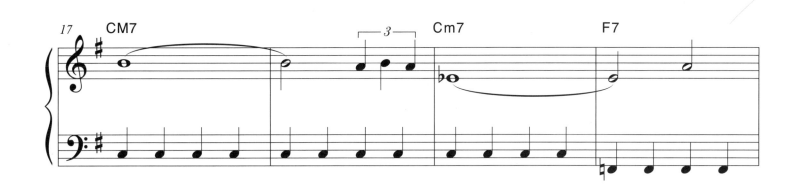

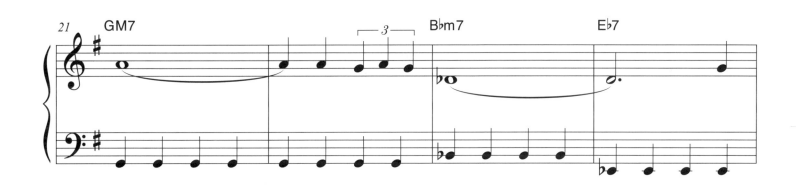

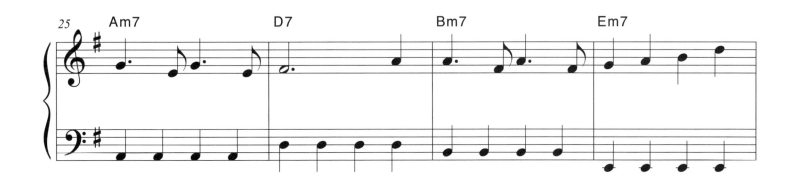

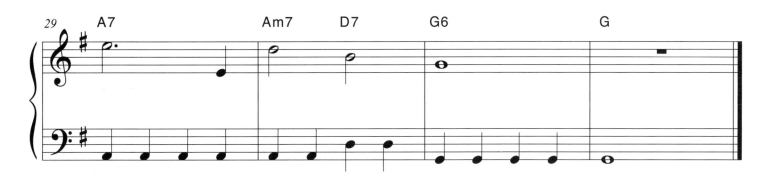

There is no greater love

~ Marty Symes, Isham Jones ~

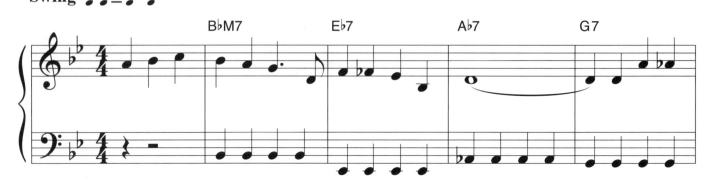

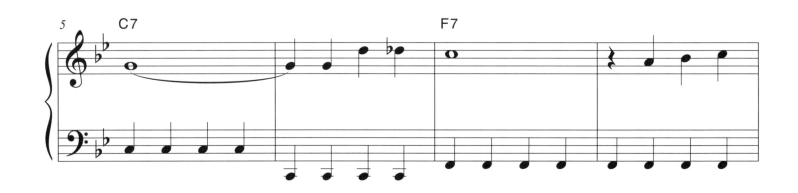

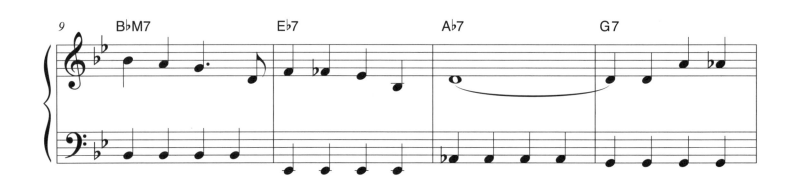

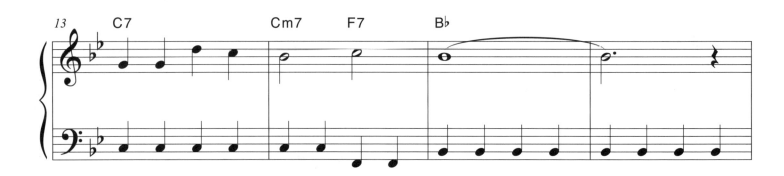

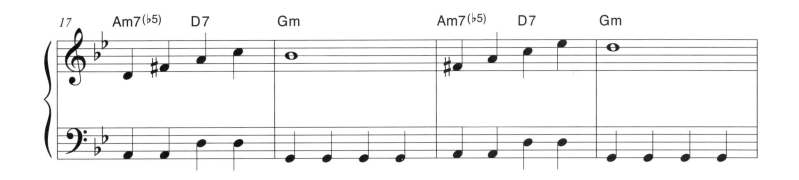

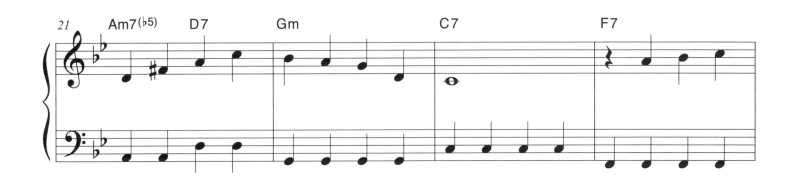

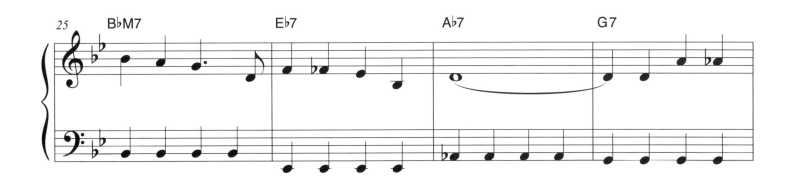

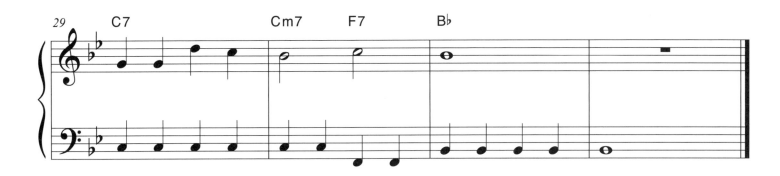

Autumn leaves

Joseph Kosma, Jacques Prévert

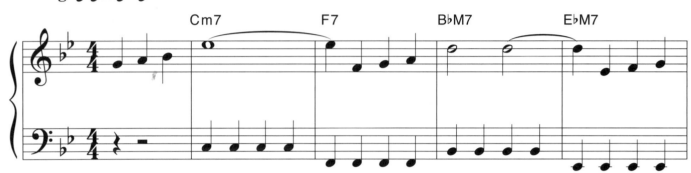

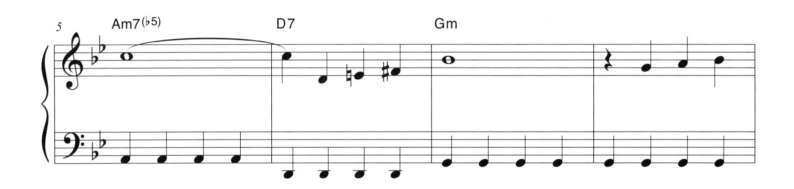

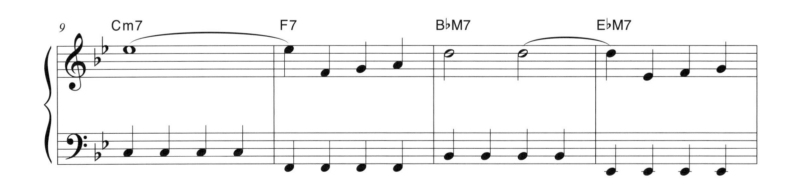

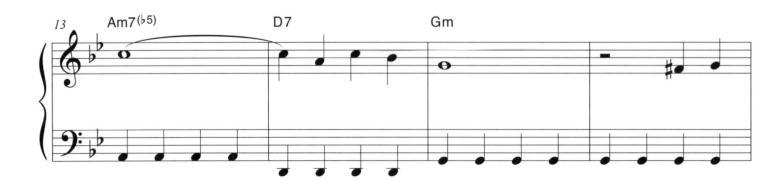

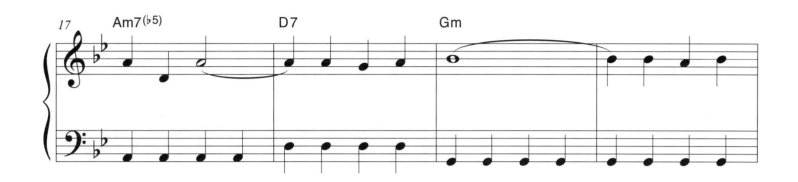

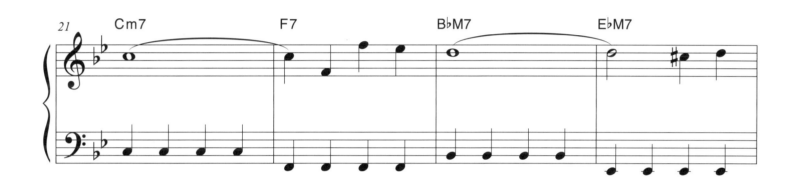

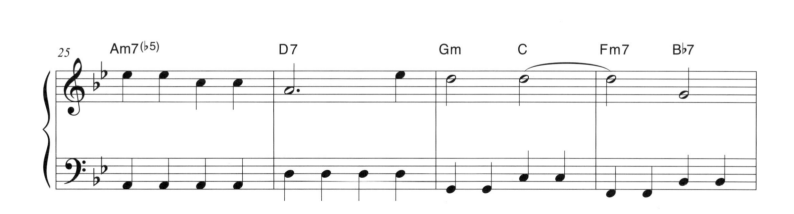

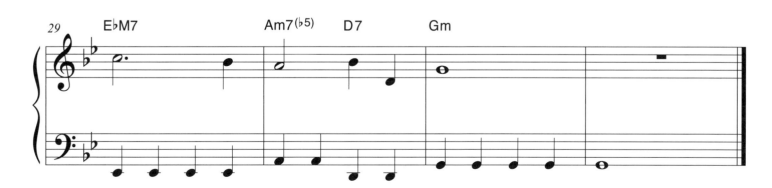

The days of wine and roses

~~~ Henry Mancini, Johnny Mercer ~~~

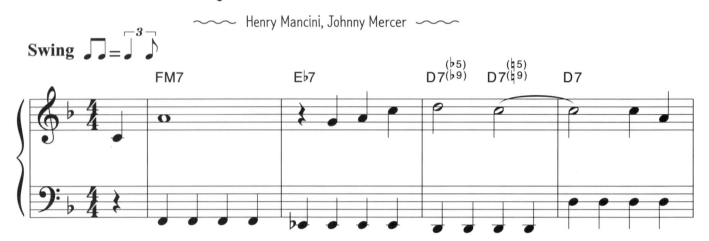

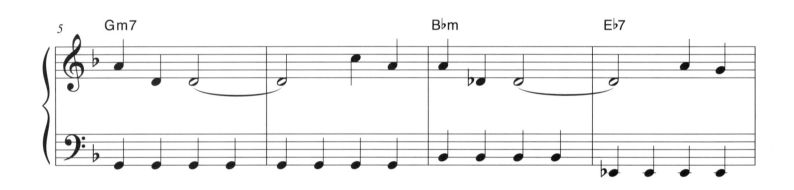

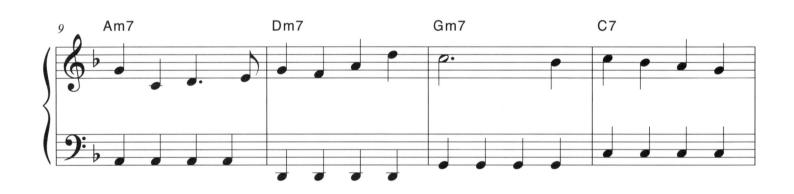

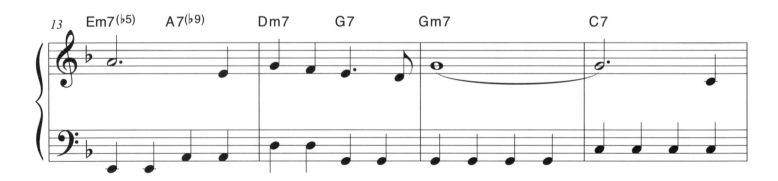

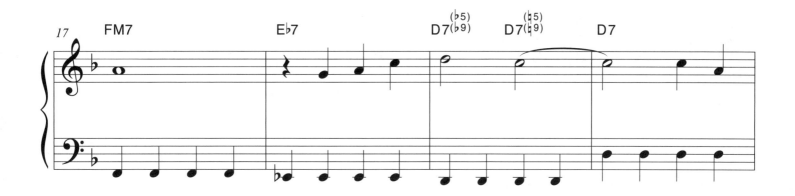

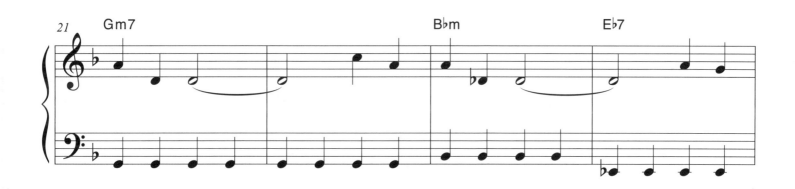

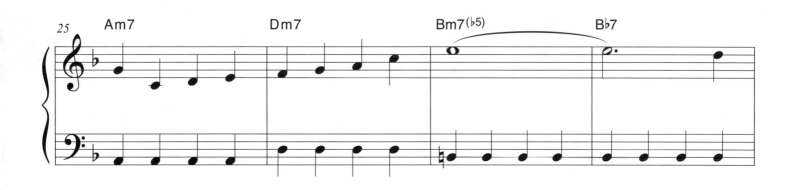

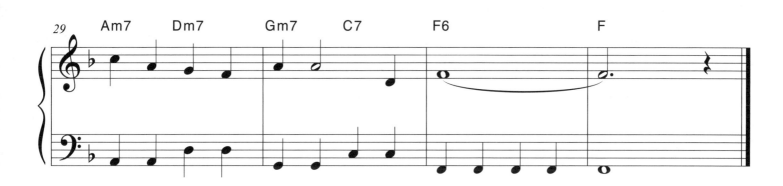

chapter

3

워킹 베이스 2
(Walking Bass)

1음과 5음 연습

2 1음과 5음 연습

우리가 적용해 볼 두 번째 워킹 베이스 패턴은 코드의 근음(Root)을 4분음표로 연주하는 1음, 1음, 5음, 5음 활용입니다. 한 마디에 2개 이상의 코드가 있는 경우, 자리바꿈 코드가 있는 경우에는 앞선 워킹 베이스 1 방법으로 연주하고, 차후 어프로치 노트(Appoach note)를 활용하는 패턴을 배운 뒤에는 코드가 변화할 때마다 어프로치 노트를 활용하여 응용할 수 있습니다.

QR로 수록된 드럼 비트에 맞춰 악보를 정확하게 연주해 봅시다.

✦TIP: 5-5-1-1음과 같이 1음과 5음의 순서를 바꿔 활용 가능합니다.

All of me

~ Gerald Marks, Seymour Simons ~

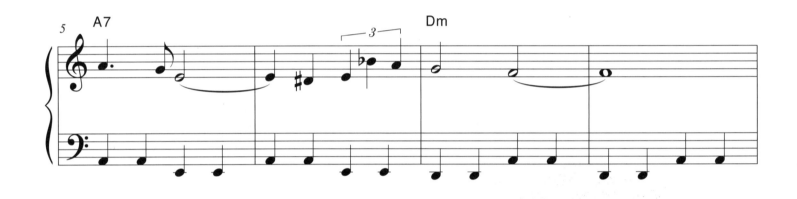

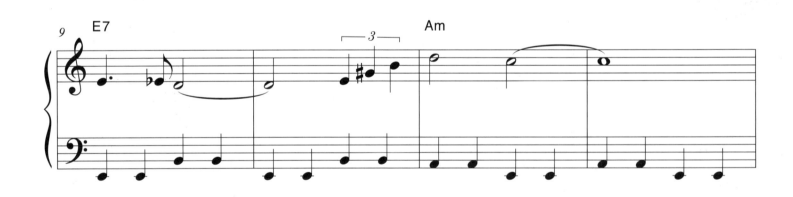

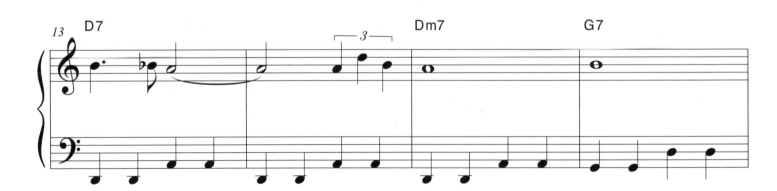

Swing 80 Swing 100 Swing 120

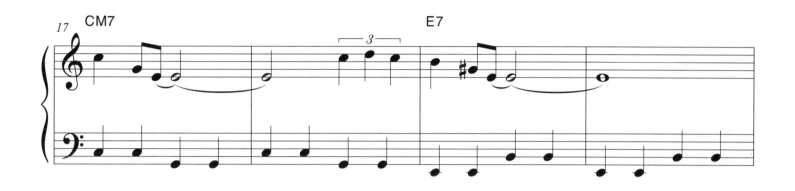

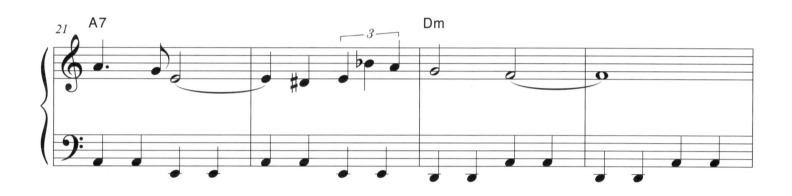

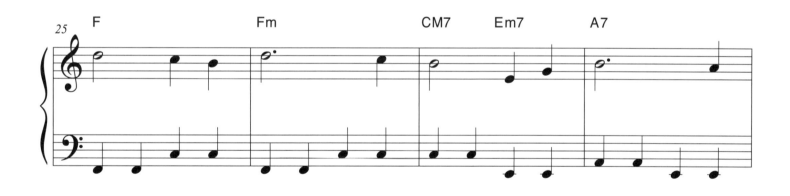

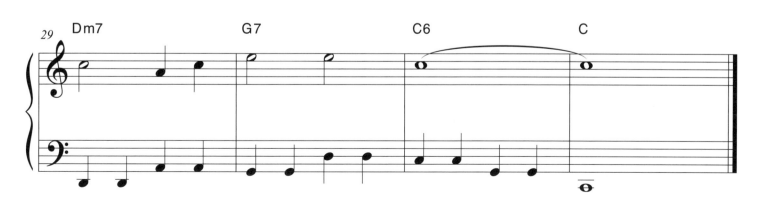

Afternoon in paris

~~~ John Lewis ~~~

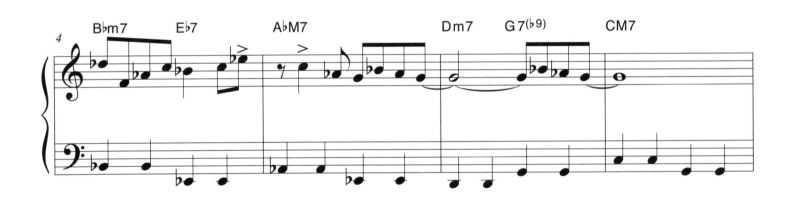

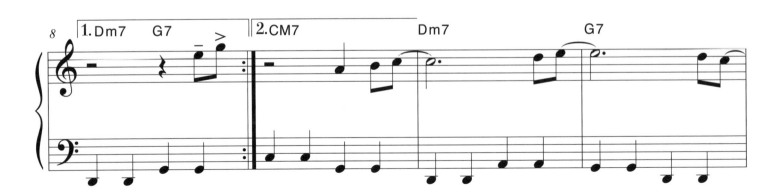

Swing 80

Swing 100

Swing 120

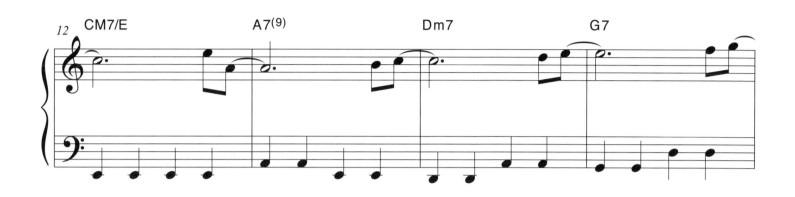

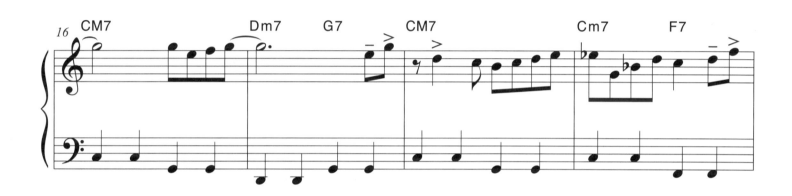

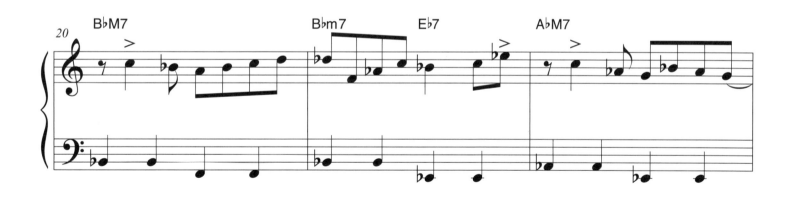

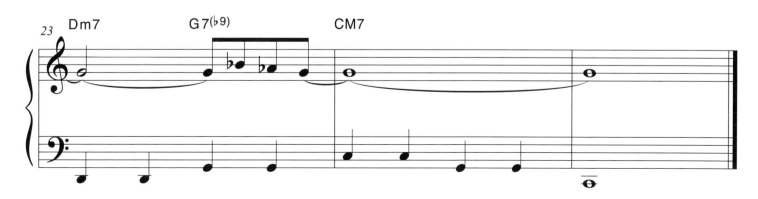

Fly me to the moon

~~~ Bart Howard ~~~

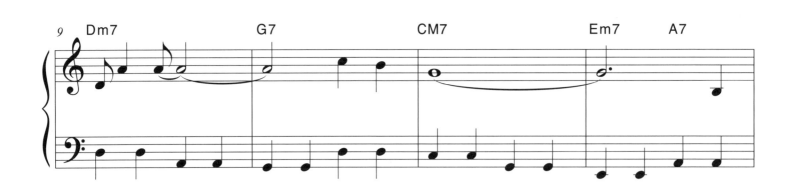

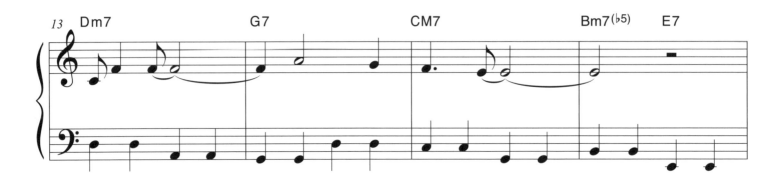

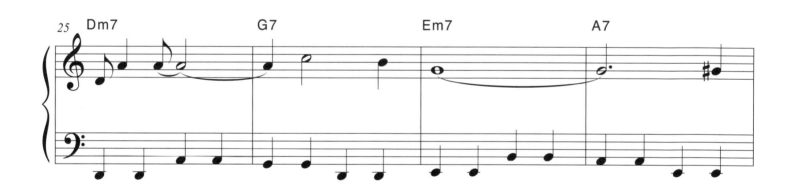

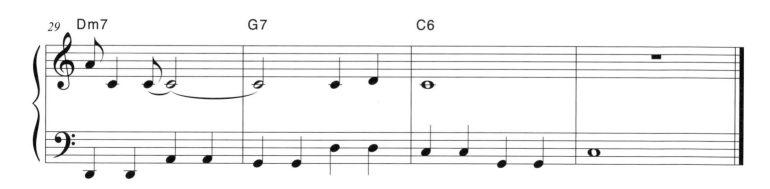

There will never be another you

~ Harry Warren, Mack Gordon ~

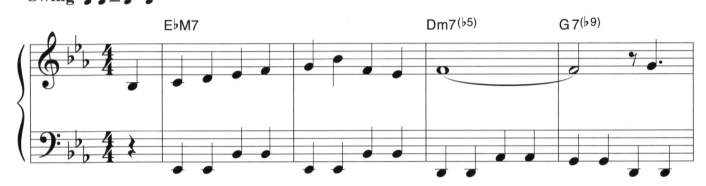

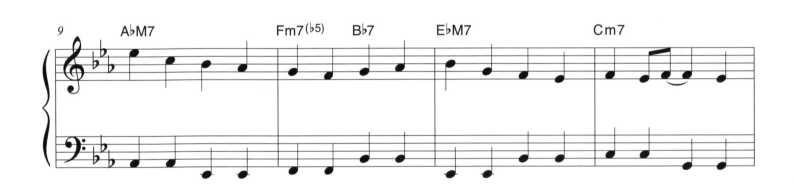

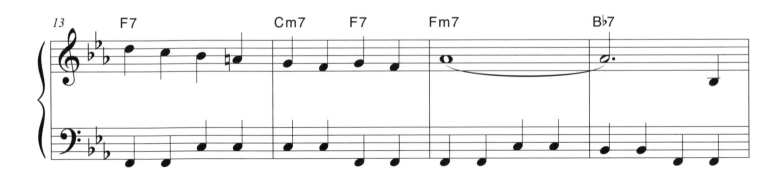

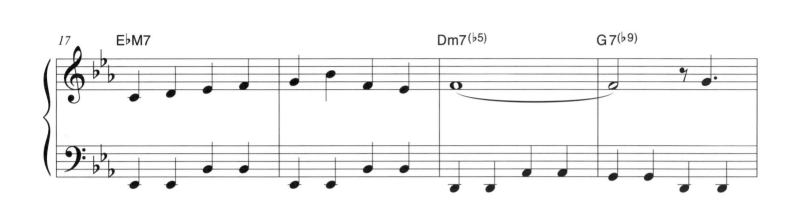

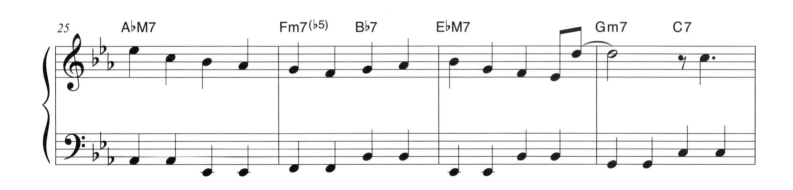

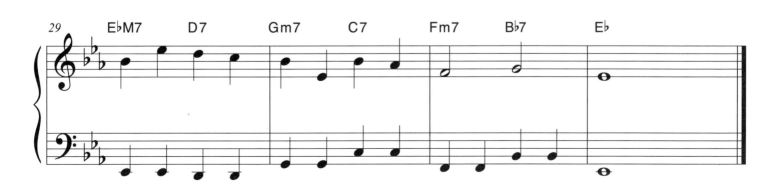

How high the moon

~~ Morgan Lewis, Nancy Hamilton ~~

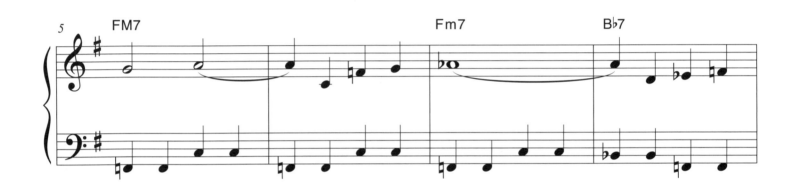

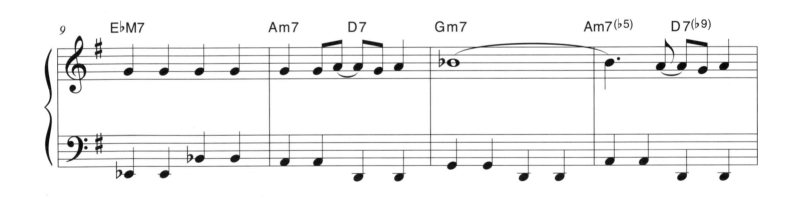

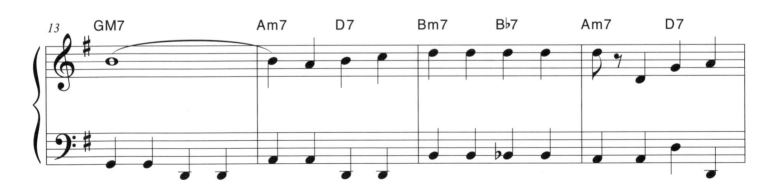

Swing 80

Swing 100

Swing 120

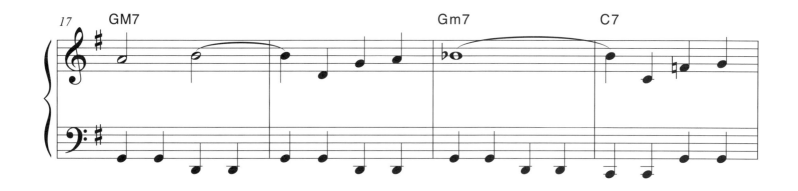

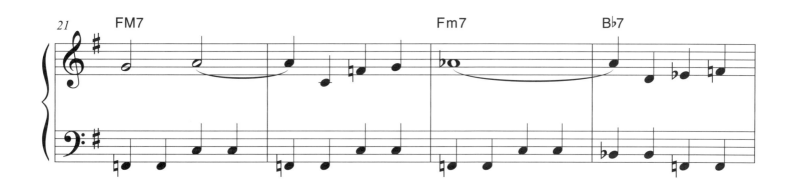

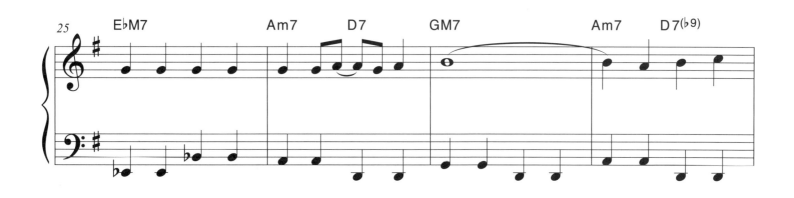

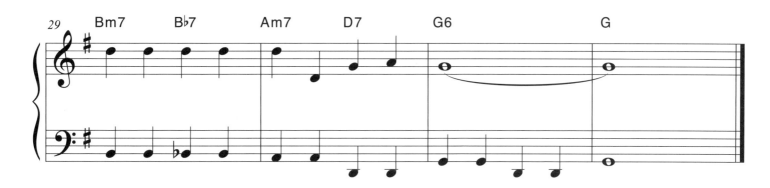

Just friends

~~ John Klenner, Samuel M. Lewis ~~

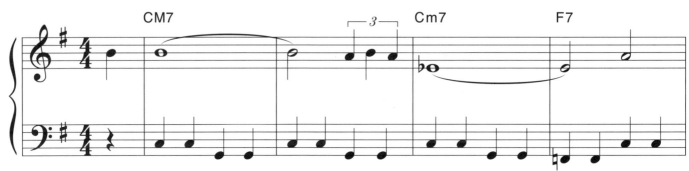

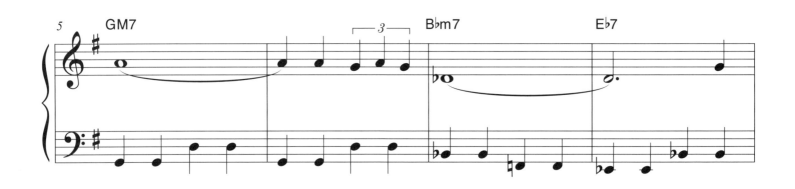

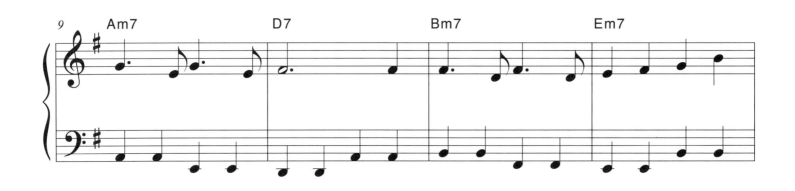

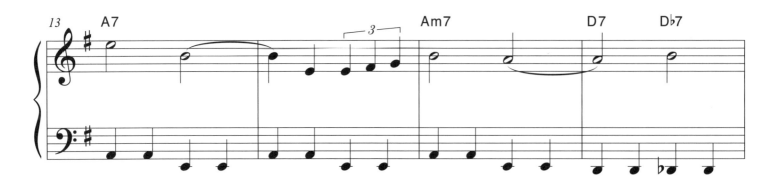

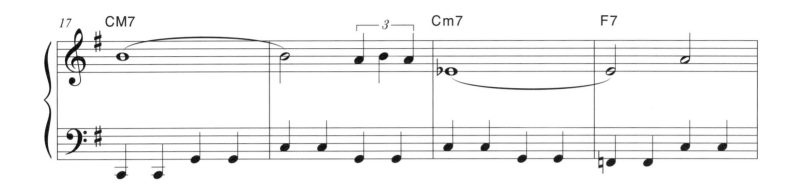

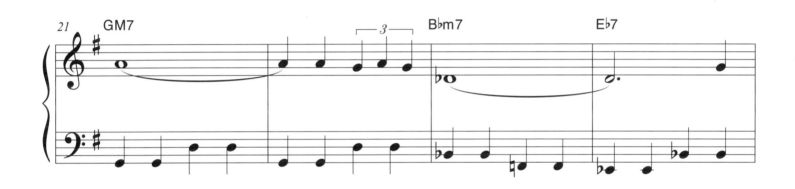

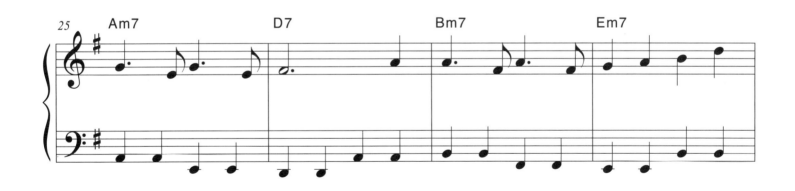

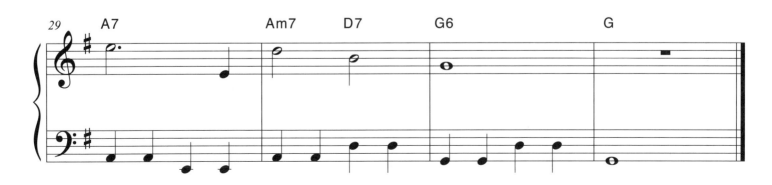

There is no greater love

~ Marty Symes, Isham Jones ~

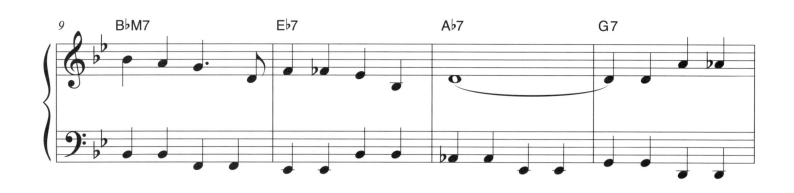

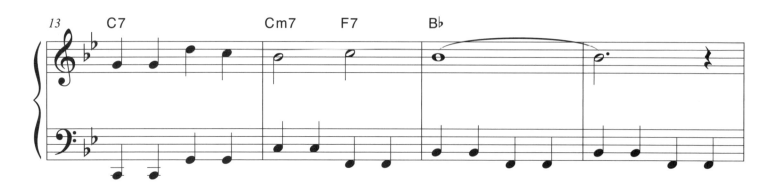

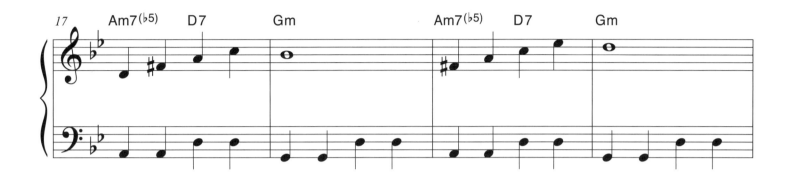

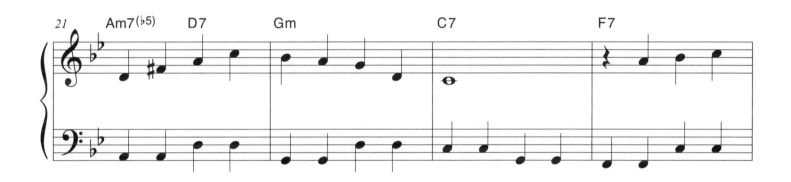

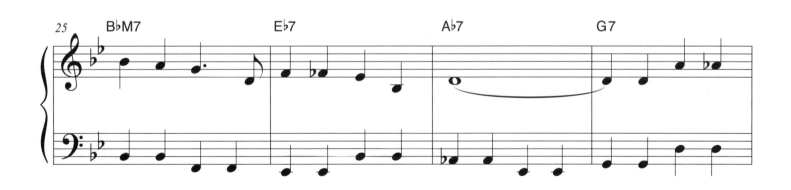

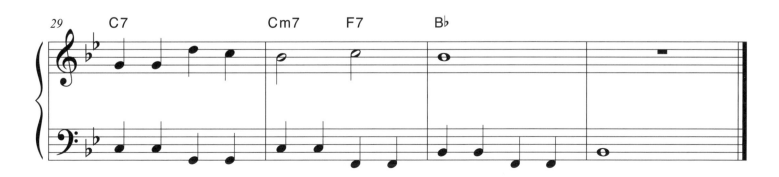

Autumn leaves

~~~~~~ Joseph Kosma, Jacques Prévert ~~~~~~

Swing ♪♪ = ♩♪

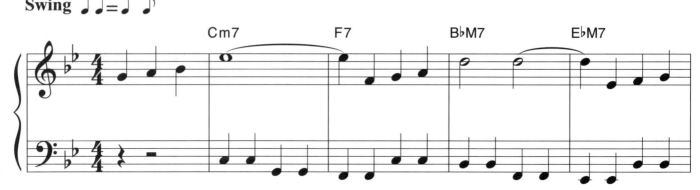

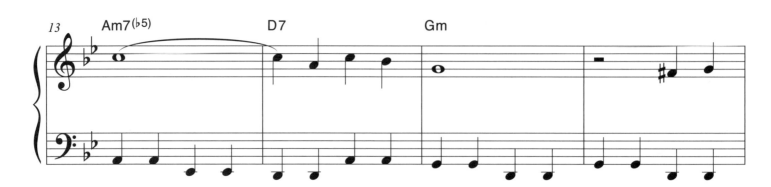

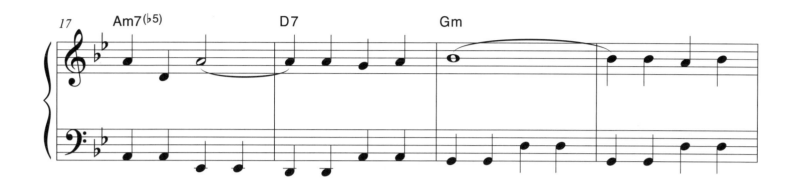

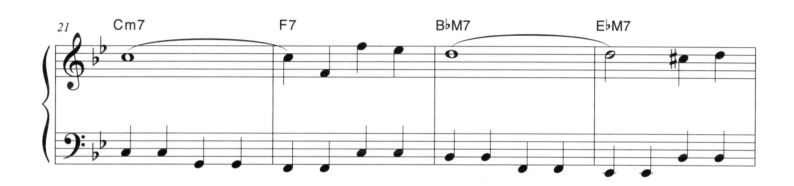

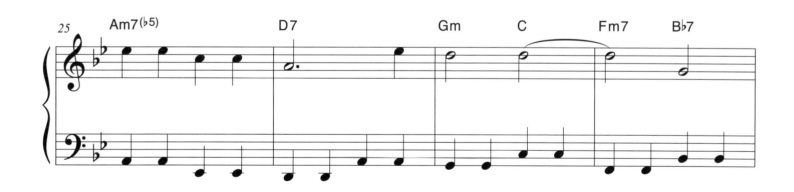

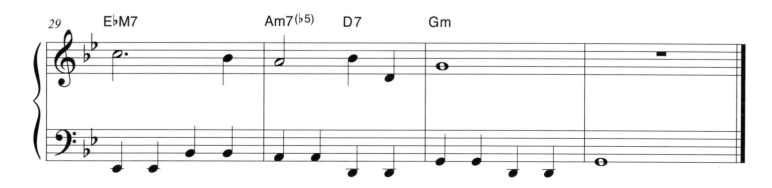

The days of wine and roses

~~~ Henry Mancini, Johnny Mercer ~~~

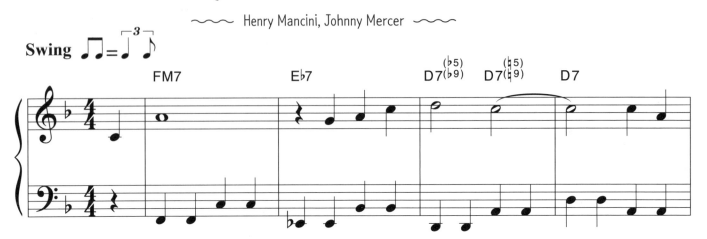

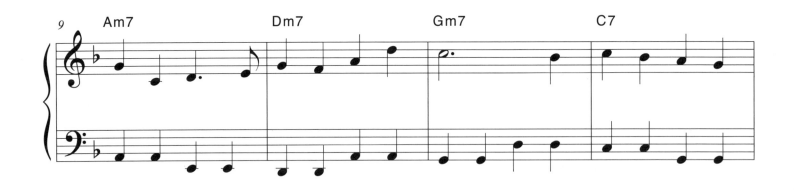

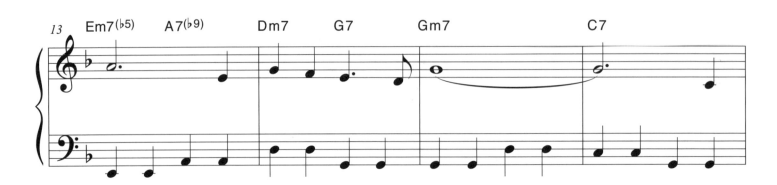

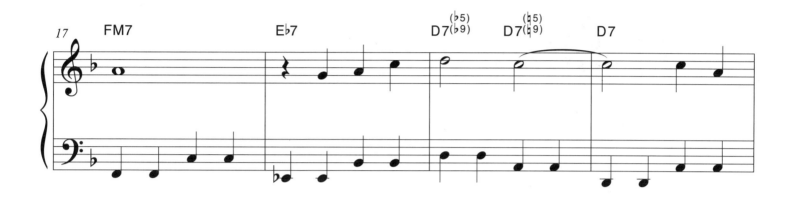
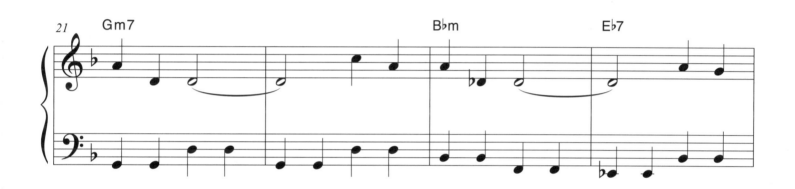
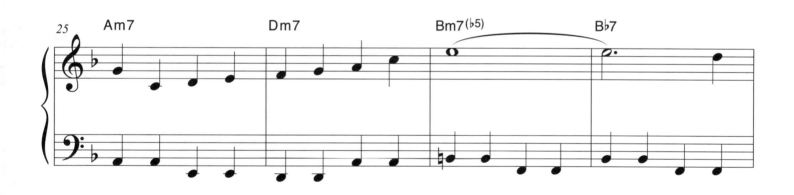
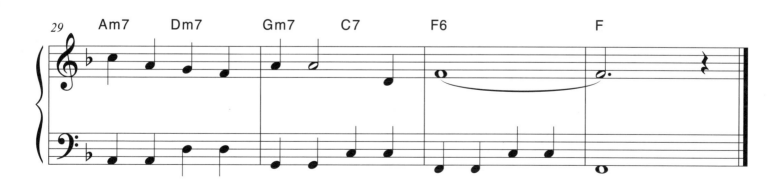

chapter 4

워킹 베이스 ③
(Walking Bass)

코드톤의 활용 ①

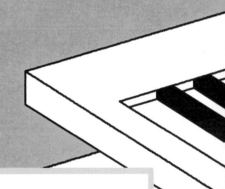

③ 코드톤의 활용 ①: 1음, 2음, 3음, 5음

우리가 적용해 볼 세 번째 워킹 베이스 패턴은 코드의 구성음인 '코드톤(Chord tone)'을 활용하여 워킹 베이스의 구성음을 만들어 연주하는 방법입니다. 보통 코드톤이라 함은 코드의 구성음을 이야기하는 만큼, 그 구성음들을 조합하면 무수히 많은 워킹 베이스 패턴을 만들어낼 수 있습니다. 이번 챕터에서는 그중 가장 쉽게 접근할 수 있는 첫 번째 패턴으로 3화음의 구성음에 2음을 더한 1음, 2음, 3음, 5음 패턴을 익혀봅시다. 3화음의 코드 구성음인 1음, 3음, 5음에 가장 빈번하게 첨가하여 사용되는 add2음이 추가되었다고 이해하면 됩니다. 연습곡의 악보처럼 한 마디에 한 개의 코드로 이루어진 마디 중 구성음을 순차적으로 진행하여 1-2-3-5음으로 워킹 베이스 패턴을 만들어 봅시다.

All of me

~ Gerald Marks, Seymour Simons ~

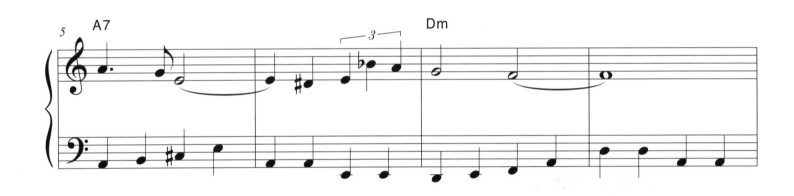

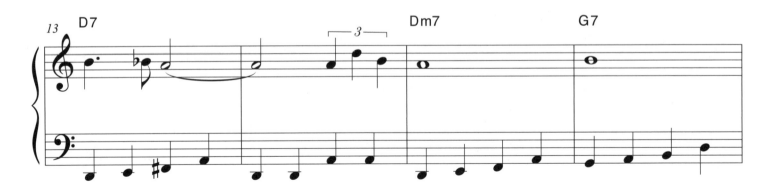

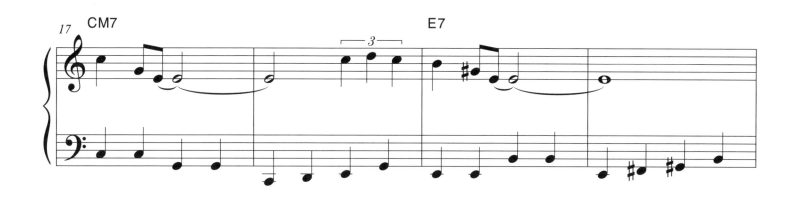

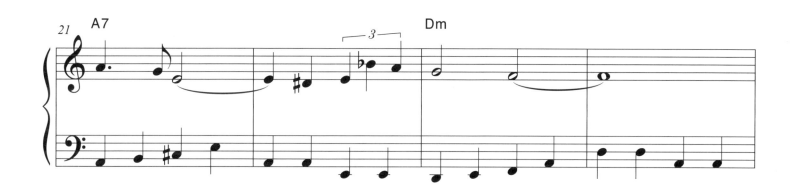

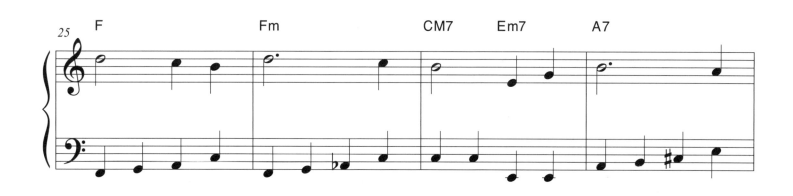

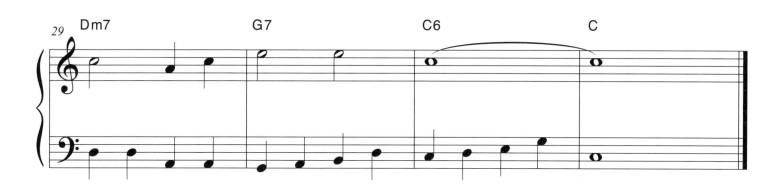

Afternoon in paris

~~ John Lewis ~~

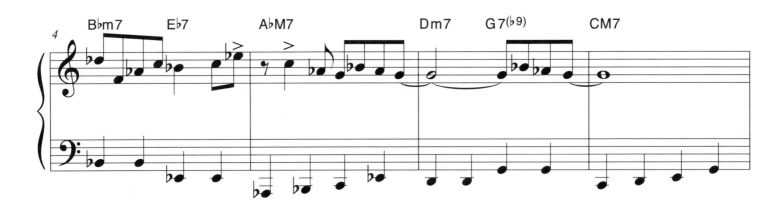

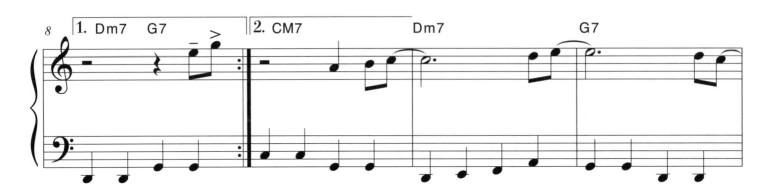

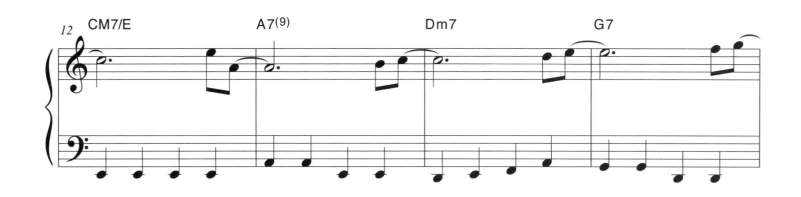

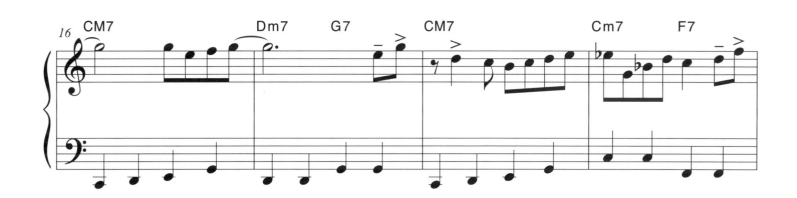

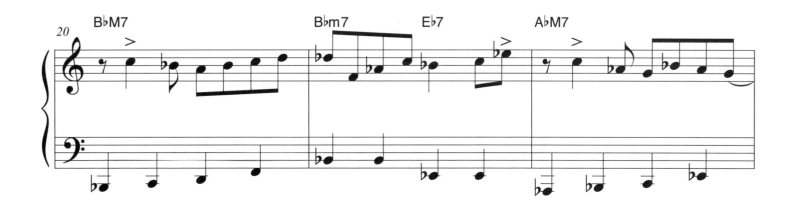

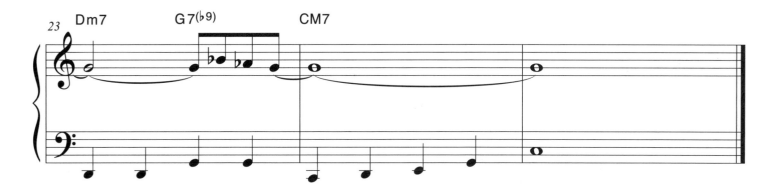

Fly me to the moon

~ Bart Howard ~

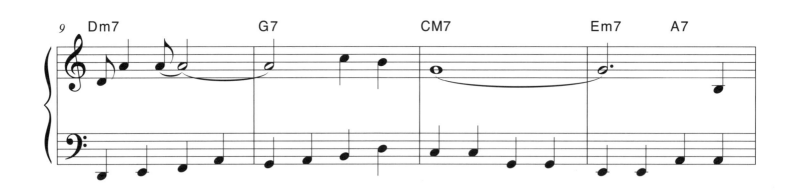

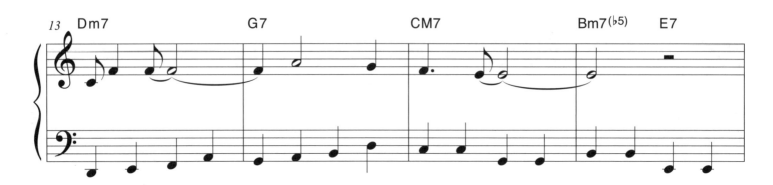

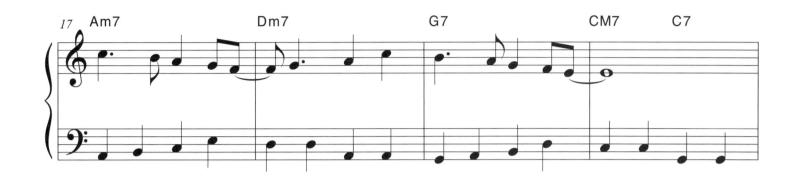

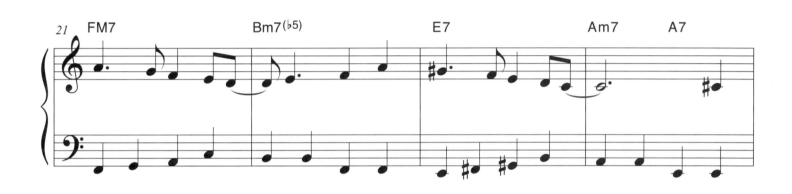

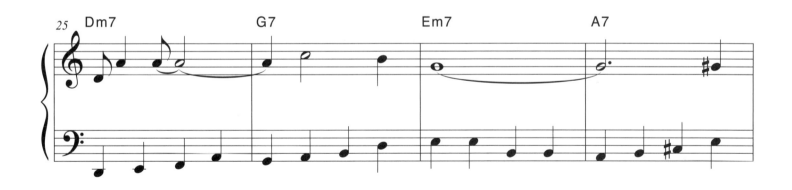

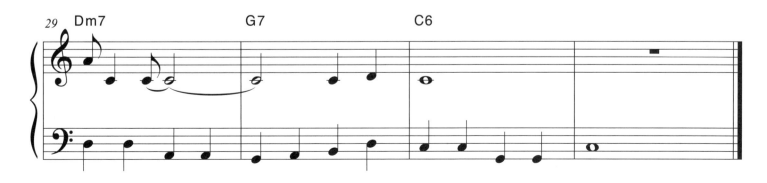

There will never be another you

~ Harry Warren, Mack Gordon ~

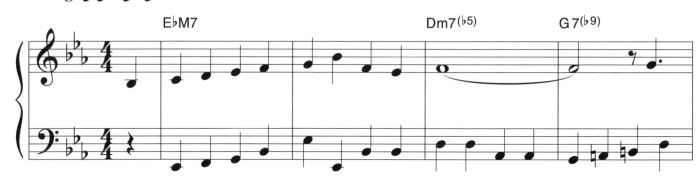

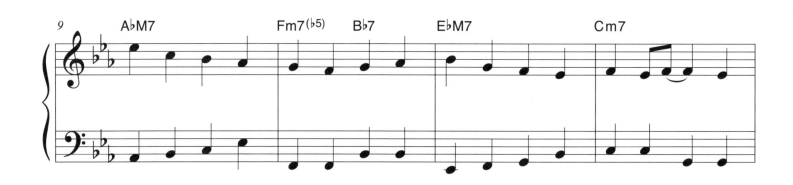
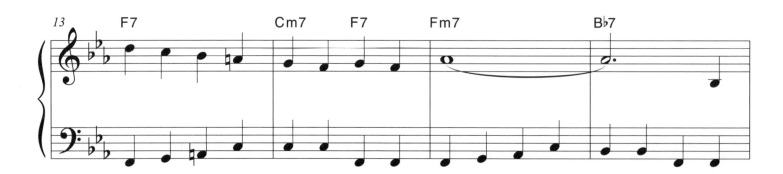

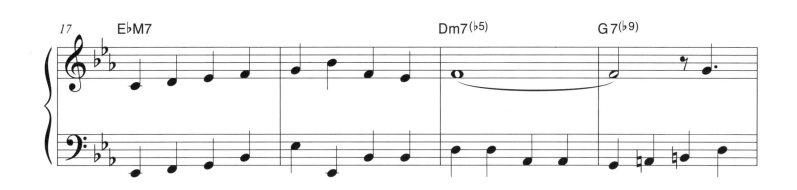

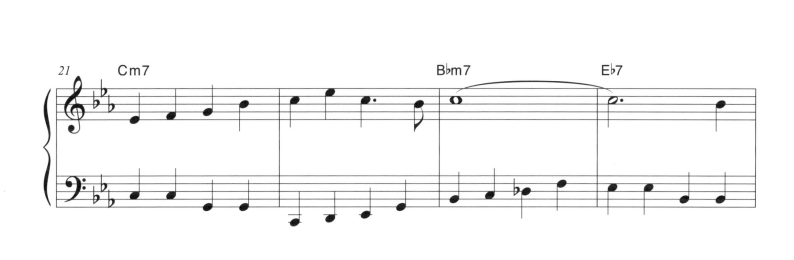

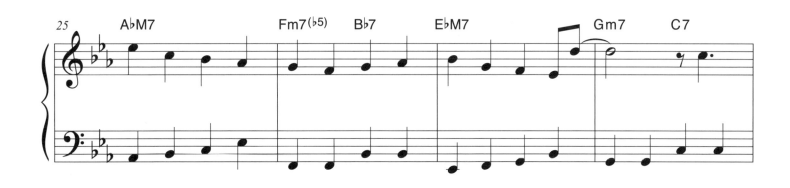

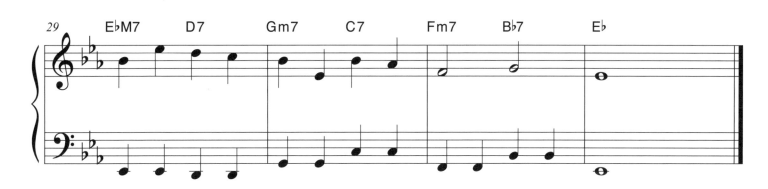

How high the moon

~ Morgan Lewis, Nancy Hamilton ~

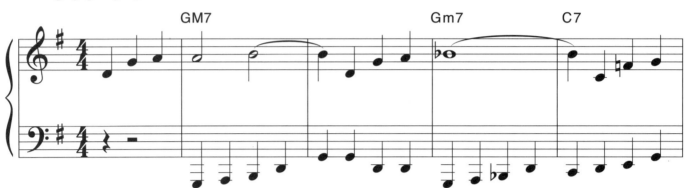

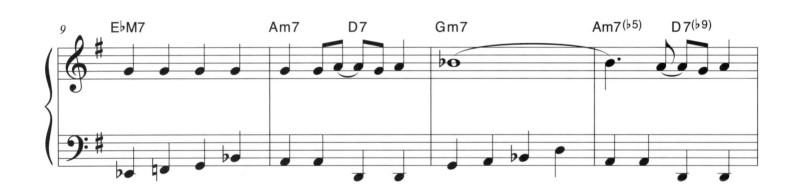

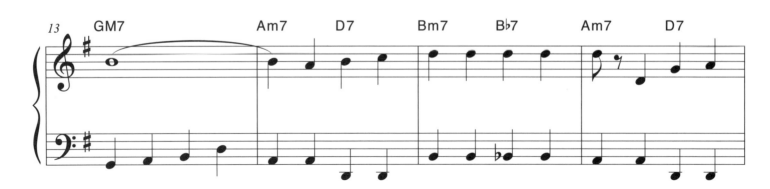

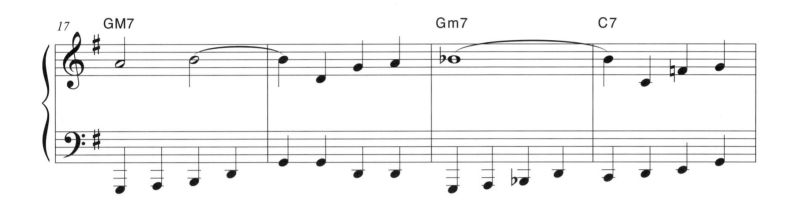

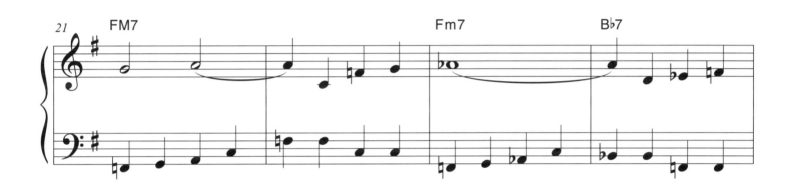

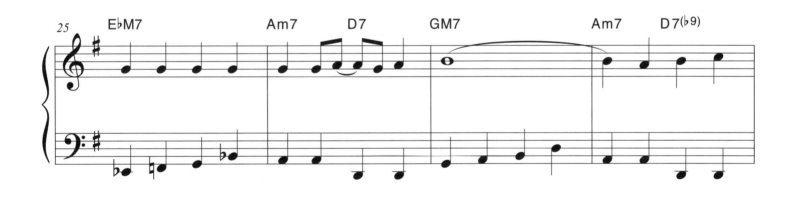

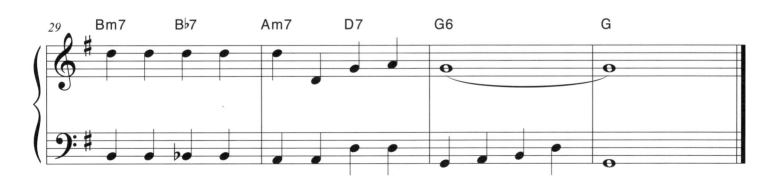

Just friends

John Klenner, Samuel M. Lewis

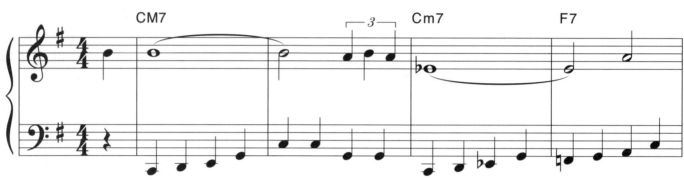

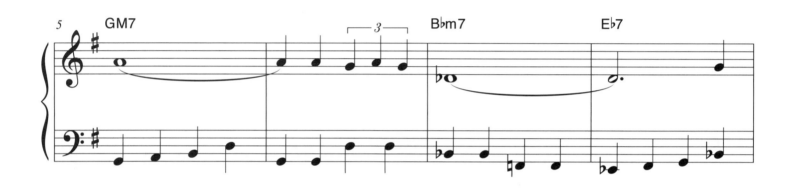

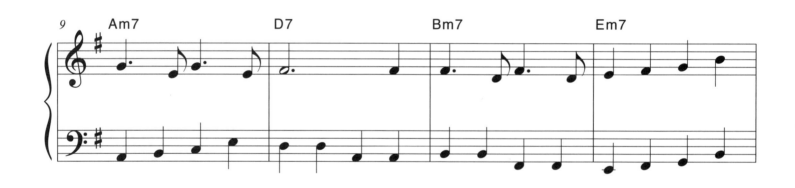

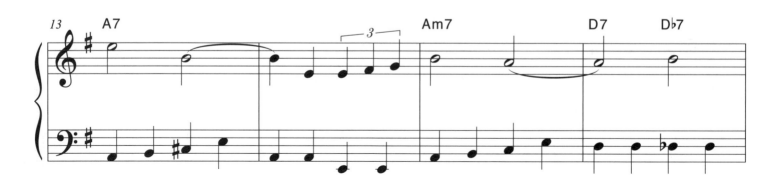

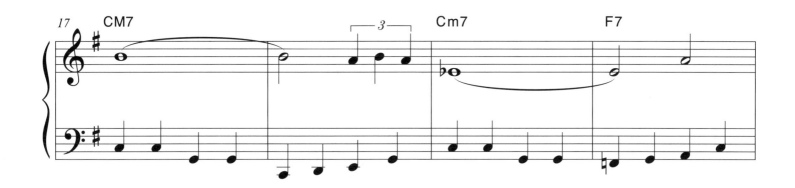

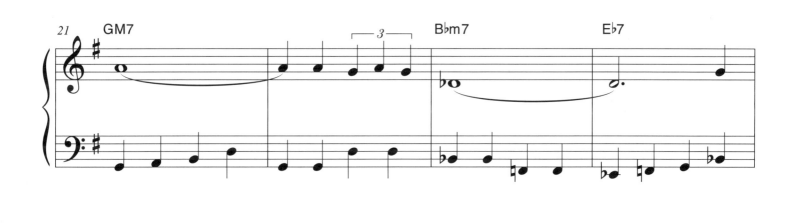

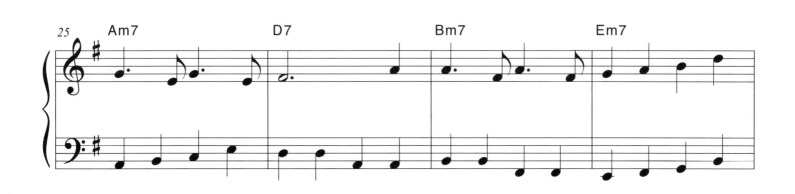

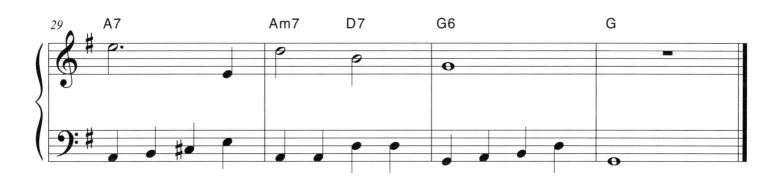

There is no greater love

~~~ Marty Symes, Isham Jones ~~~

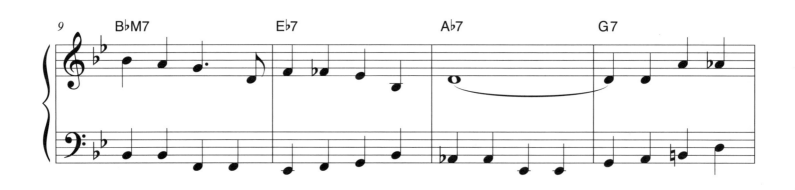

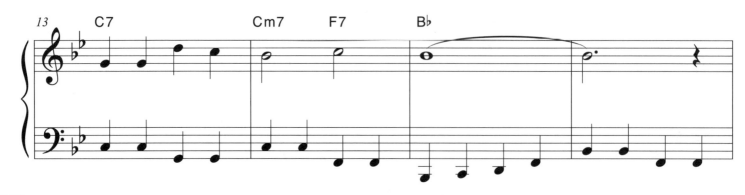

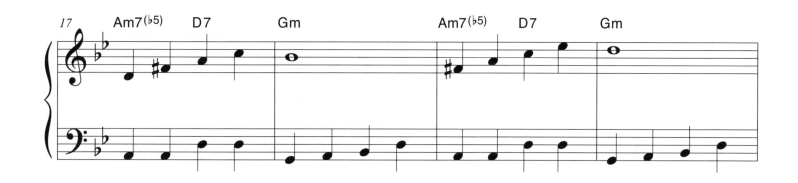

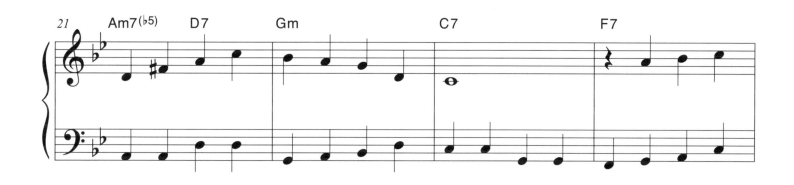

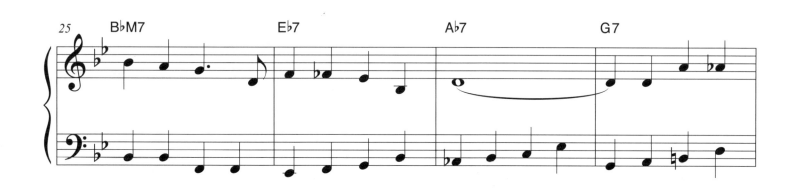

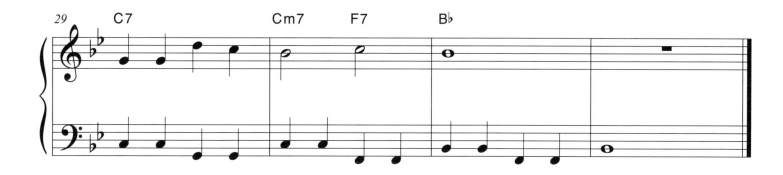

Autumn leaves

Joseph Kosma, Jacques Prévert

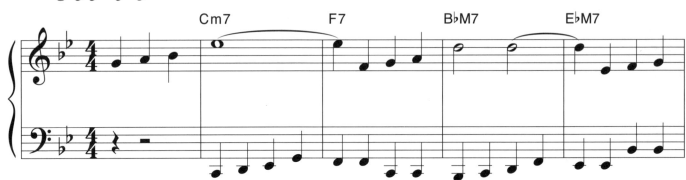

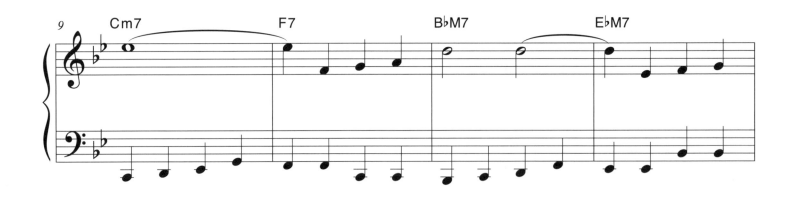

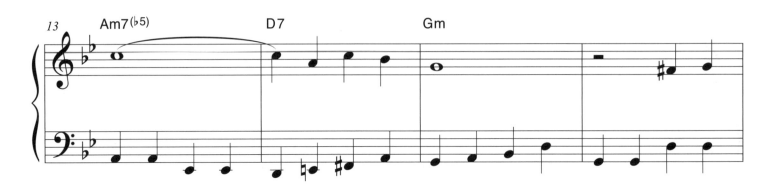

Swing 80   Swing 100   Swing 120

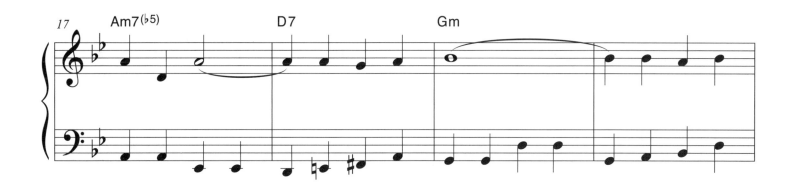

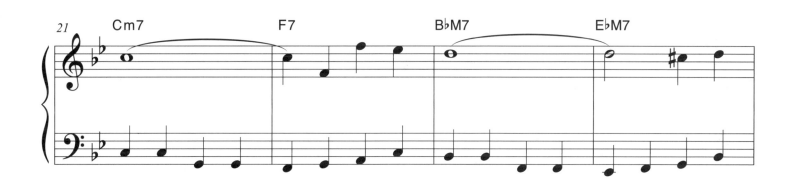

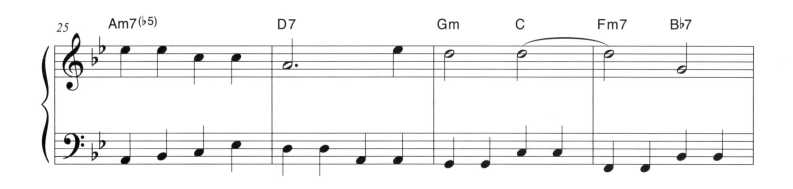

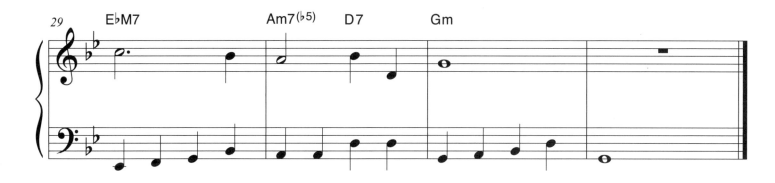

The days of wine and roses

~ Henry Mancini, Johnny Mercer ~

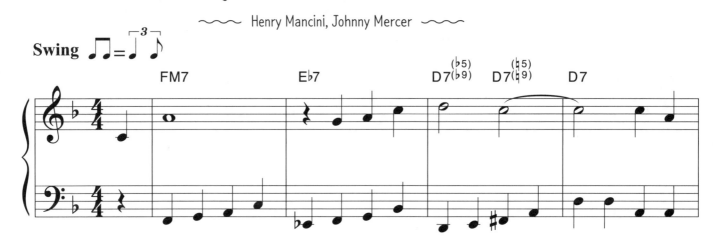

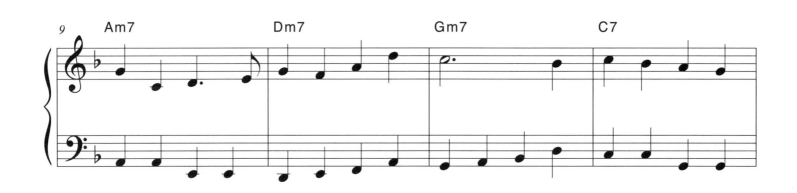

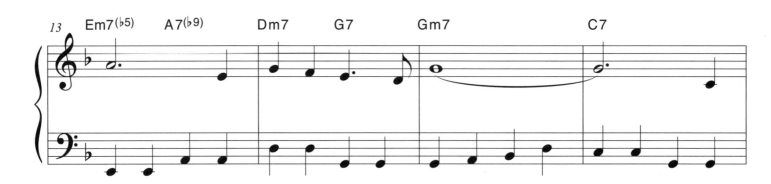

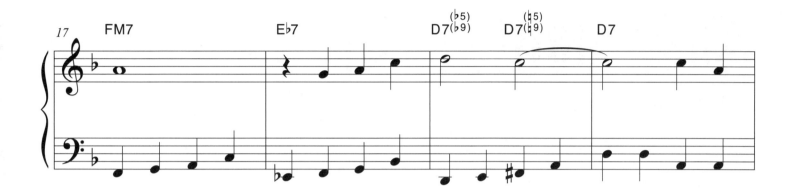

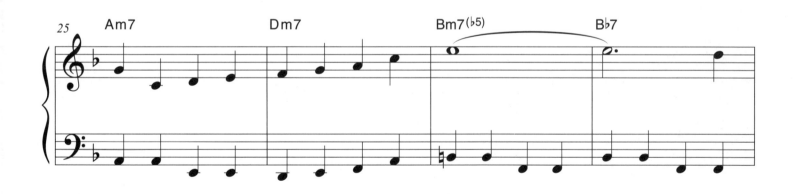

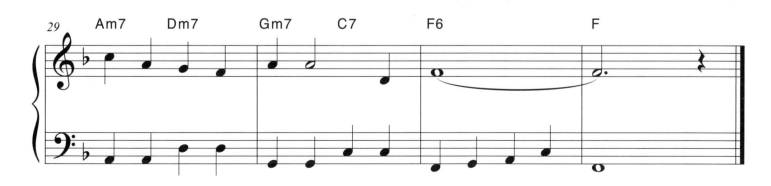

워킹 베이스 1　87

워킹 베이스 ④
(Walking Bass)

코드톤의 활용 ②

---

④ 코드톤의 활용 ②: 1음, 3음, 5음, 7음

앞서, 워킹 베이스 ③에서는 3화음의 구성음인 1음, 3음, 5음의 코드톤을 주로 활용하여 워킹 베이스 패턴을 만들었다면, 이번 네 번째 워킹 베이스 패턴은 1음, 3음, 5음에 7음까지 포함된 코드톤을 활용하여 연주하는 방법입니다. 마치 4개의 숫자로 비밀번호를 조합하듯, 코드 구성음을 활용하여 다양한 워킹 베이스 패턴을 만들어 봅시다.

● 먼저 아래 악보는 1음, 3음, 5음, 7음의 코드 구성음을 활용하여 워킹 베이스 패턴을 조합한 예시입니다. 함께 연주해 볼까요? 보는 것처럼, 코드톤만으로도 다양한 워킹 베이스 패턴을 만들 수 있습니다.

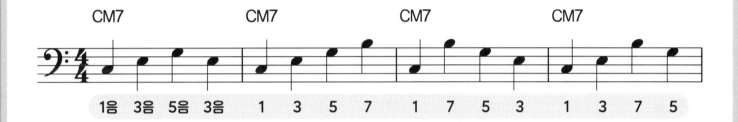

✦TIP: 동그라미로 표시한 것처럼, 같은 마디 내에서 동일음을 반복하여 활용하는 것 역시 가능하니 코드톤만으로도 정말 많은 패턴을 만들 수 있겠지요?

● 앞서 배운 1-2-3-5음 패턴과 코드톤을 혼합하여 연주도 가능합니다. 아래의 예시를 함께 살펴봅시다.

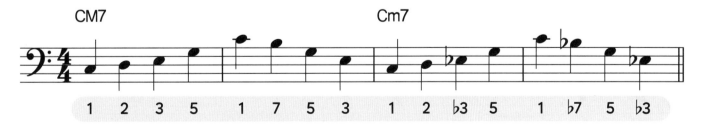

코드톤을 활용한 워킹 베이스 패턴과 멜로디를 함께 연주해 볼까요?

All of me

~ Gerald Marks, Seymour Simons ~

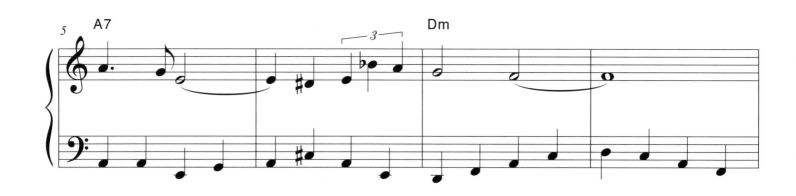

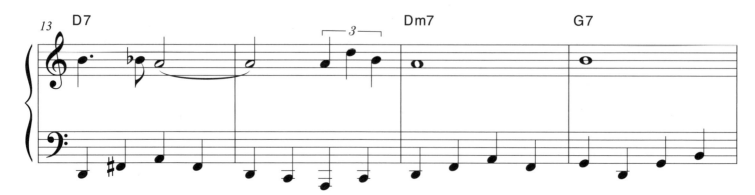

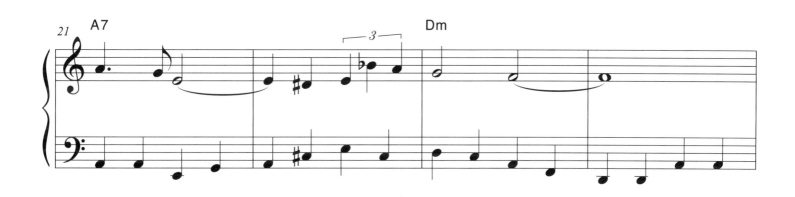

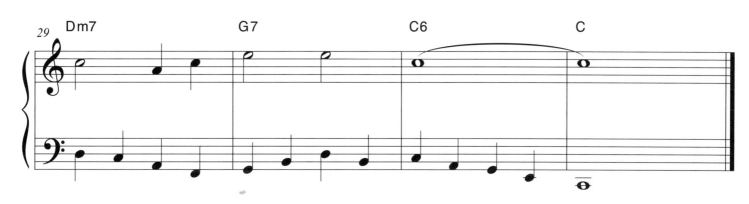

Afternoon in paris

~~ John Lewis ~~

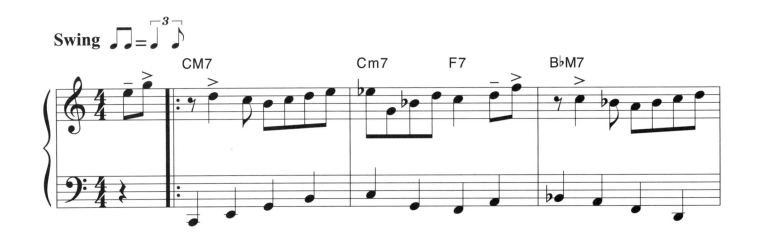

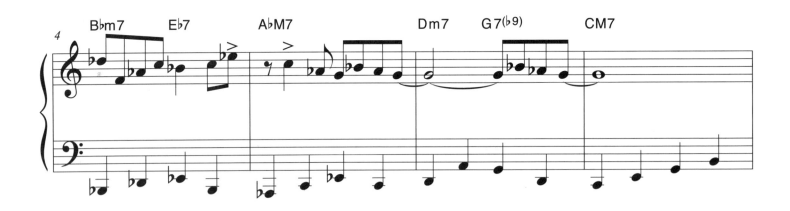

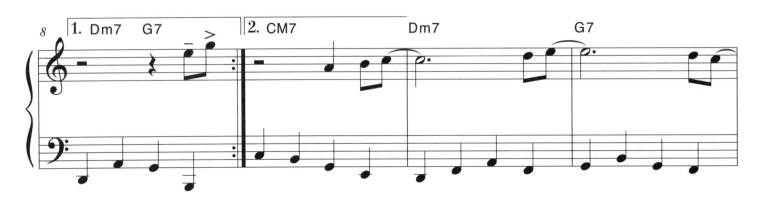

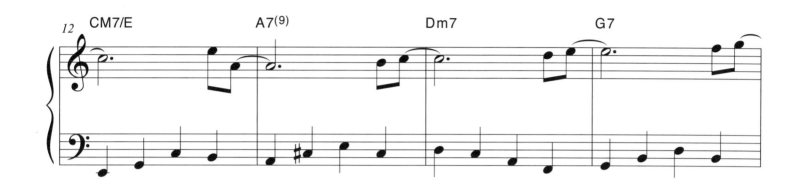

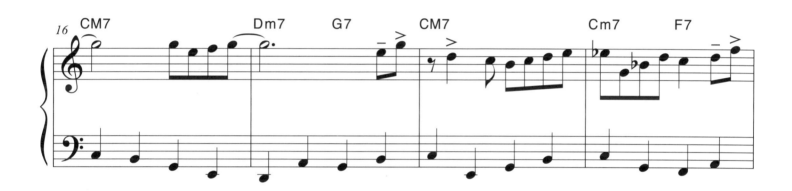

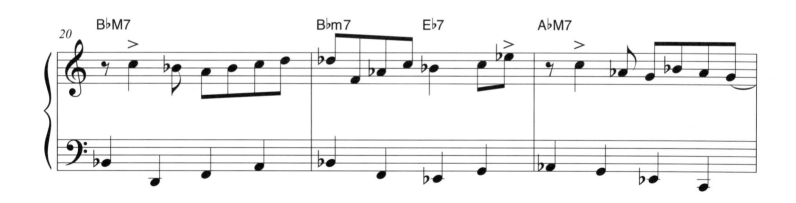

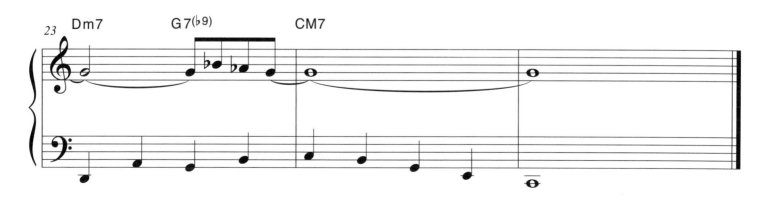

Fly me to the moon

〜〜 Bart Howard 〜〜

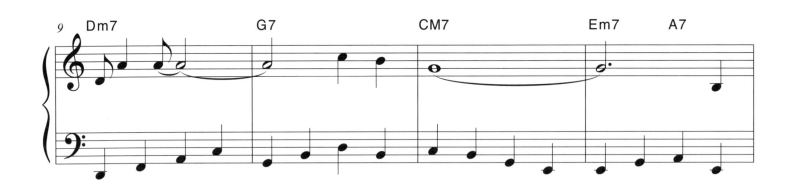

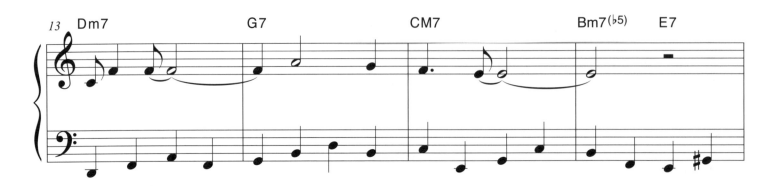

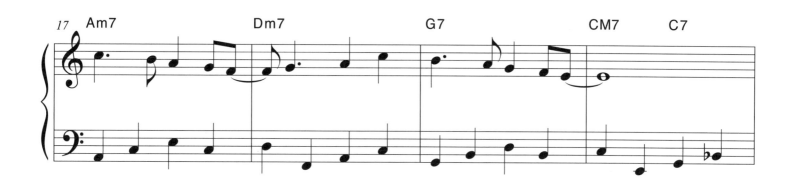

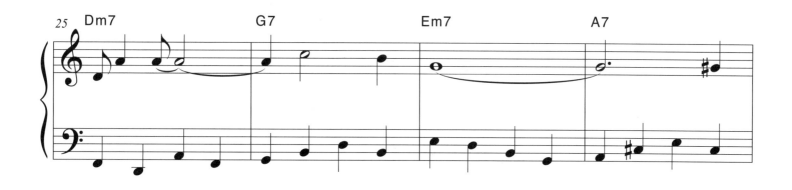

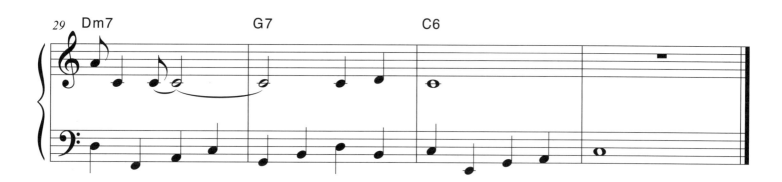

There will never be another you

~ Harry Warren, Mack Gordon ~

Swing

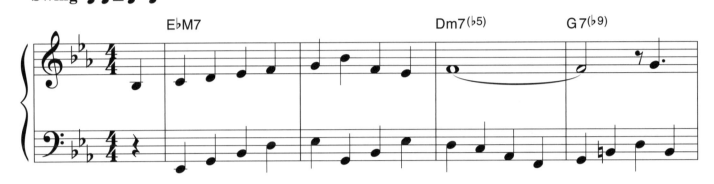

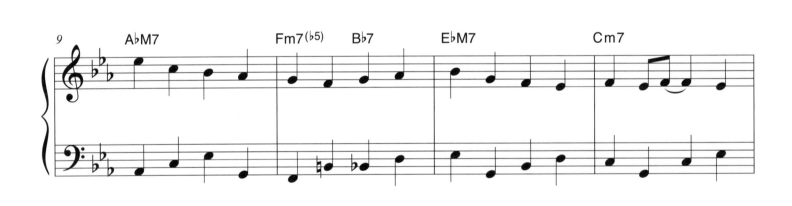

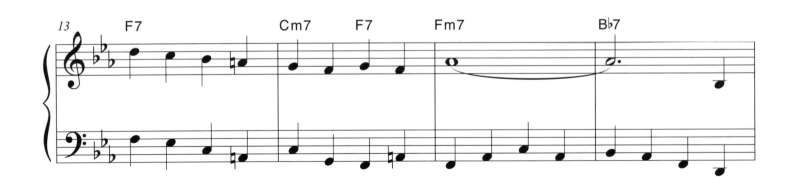

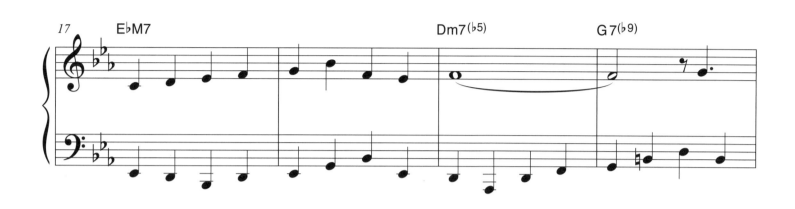

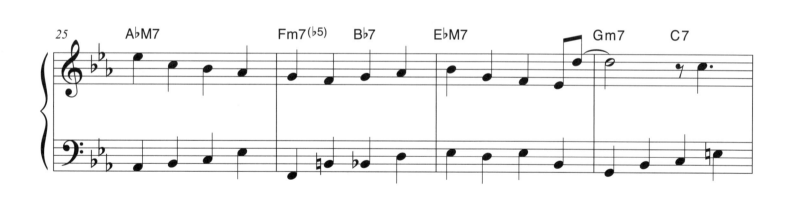

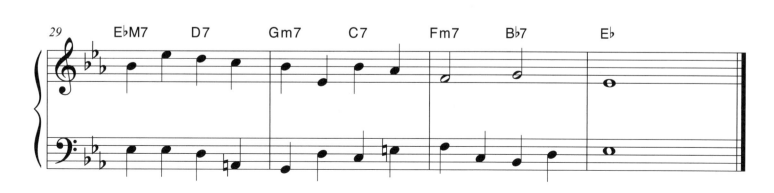

How high the moon

~~ Morgan Lewis, Nancy Hamilton ~~

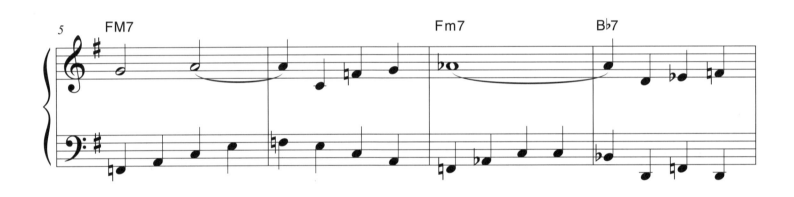

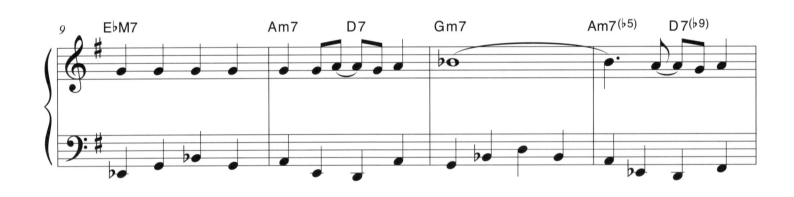

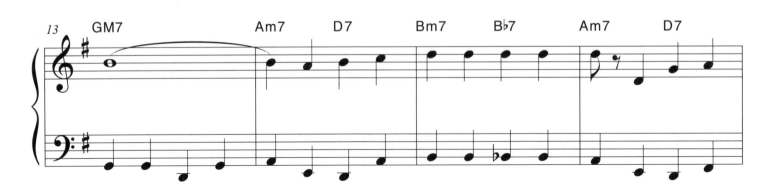

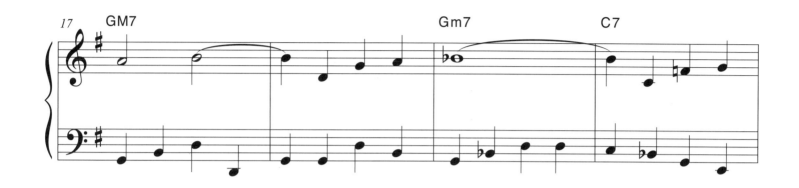

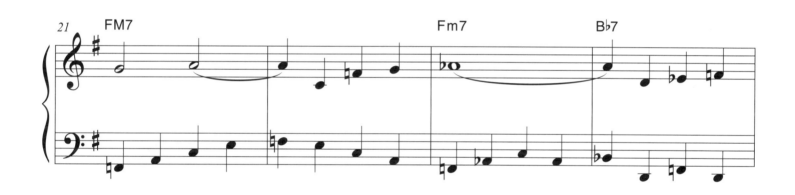

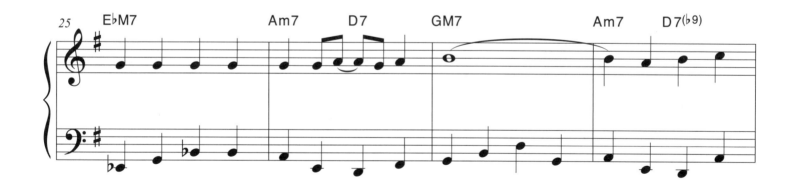

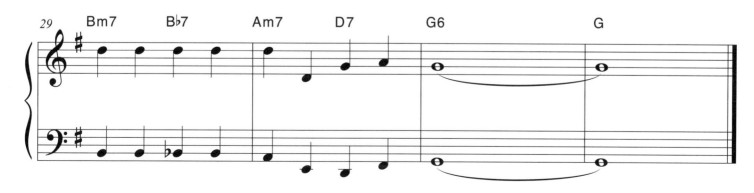

Just friends

John Klenner, Samuel M. Lewis

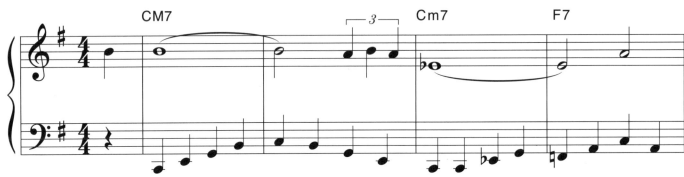

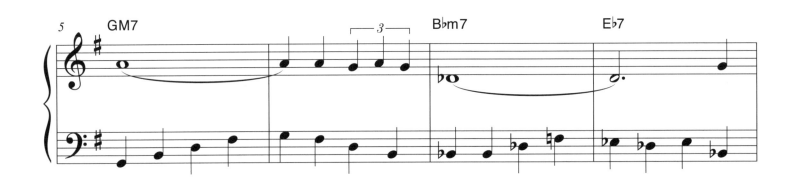

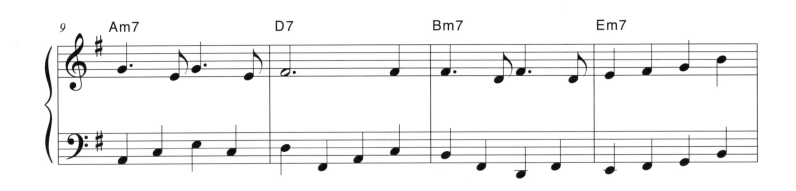

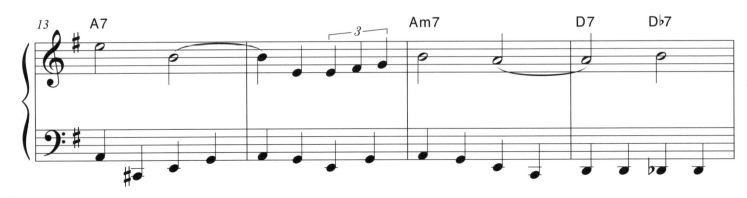

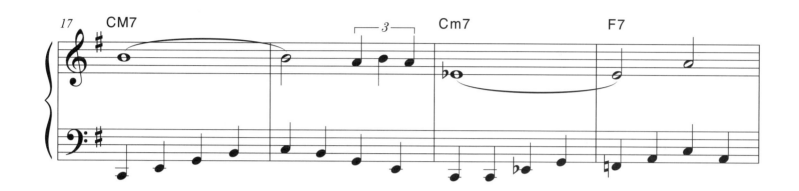

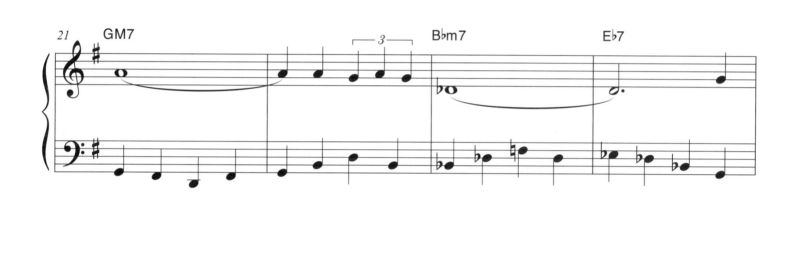

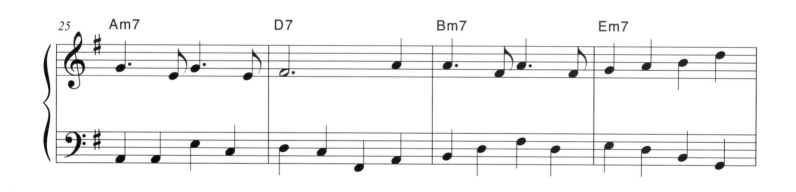

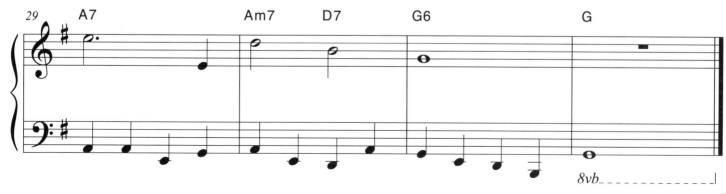

There is no greater love

~ Marty Symes, Isham Jones ~

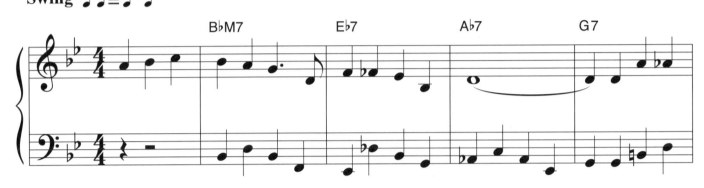

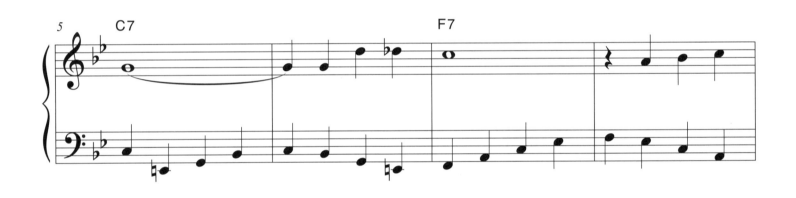

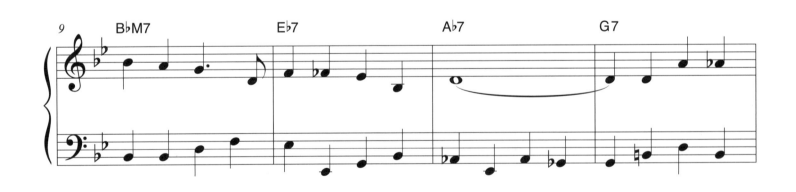

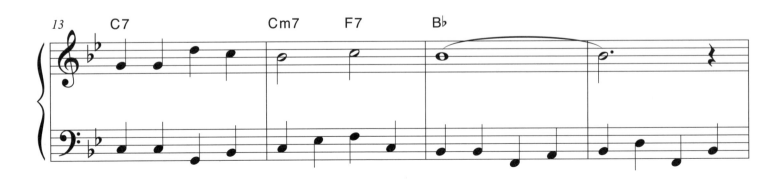

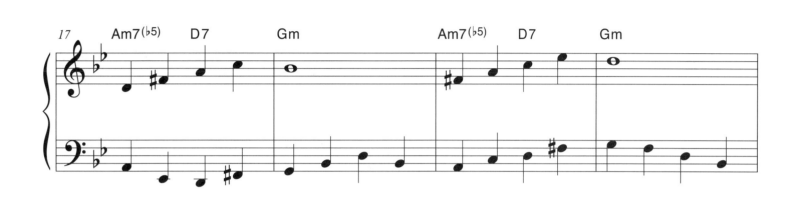
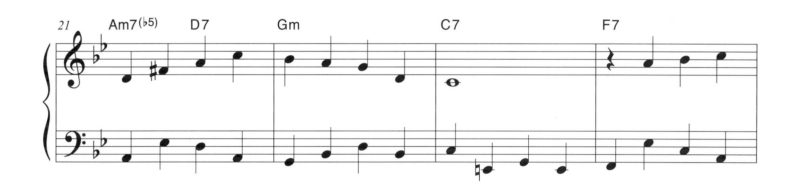
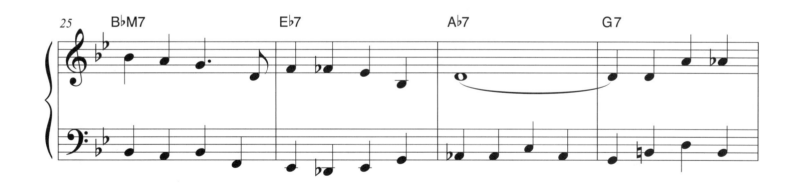
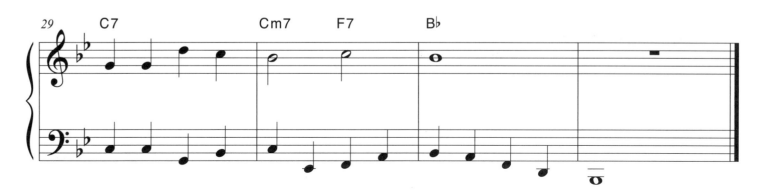

Autumn leaves

Joseph Kosma, Jacques Prévert

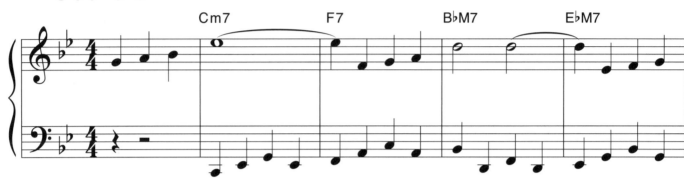

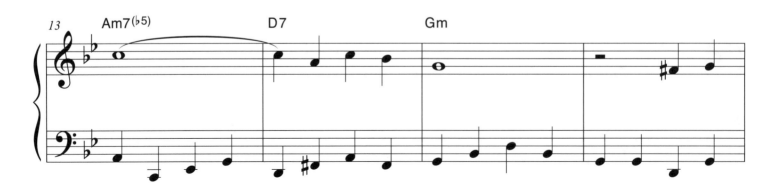

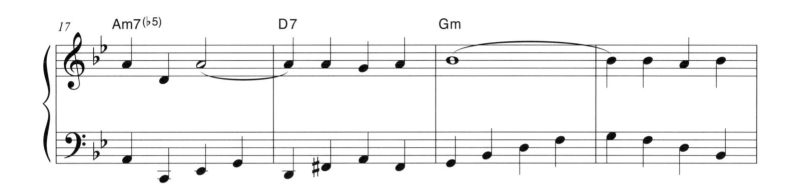

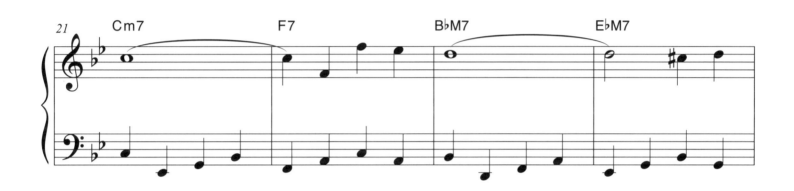

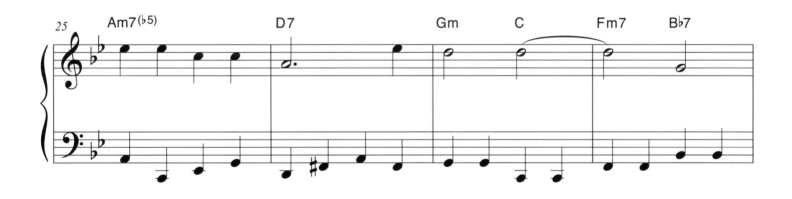

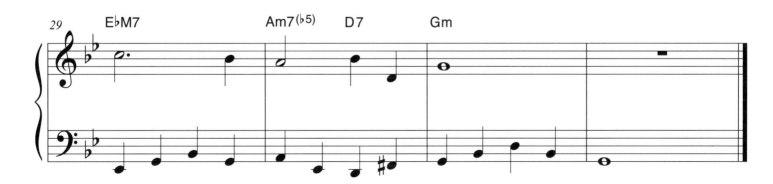

The days of wine and roses

~ Henry Mancini, Johnny Mercer ~

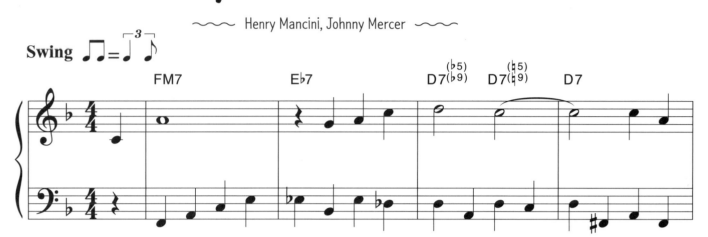

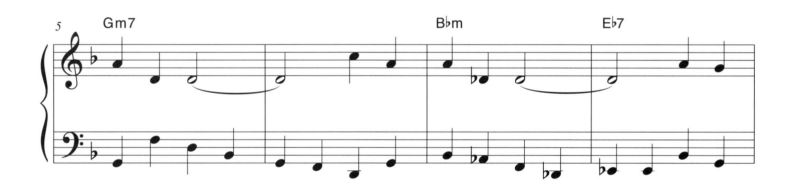

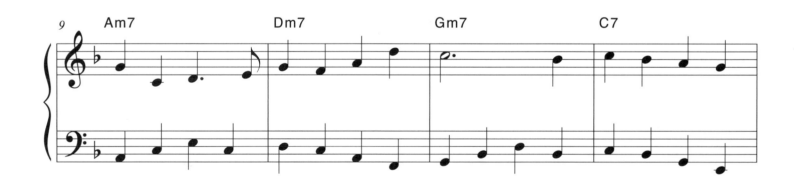

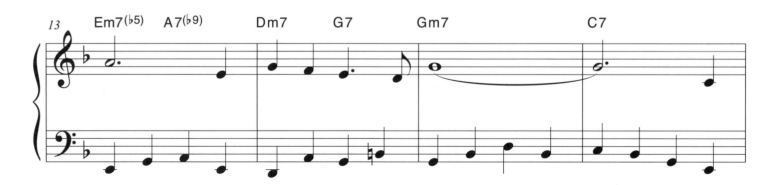

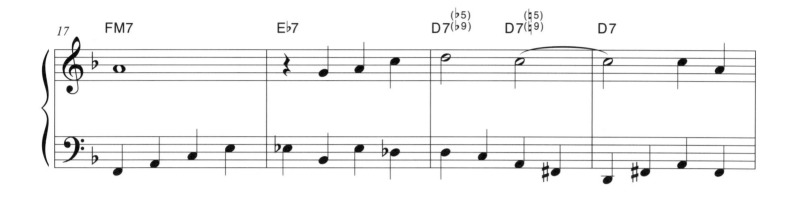

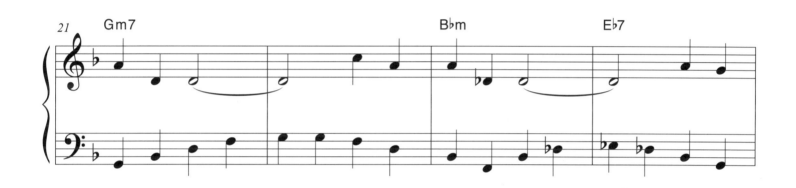

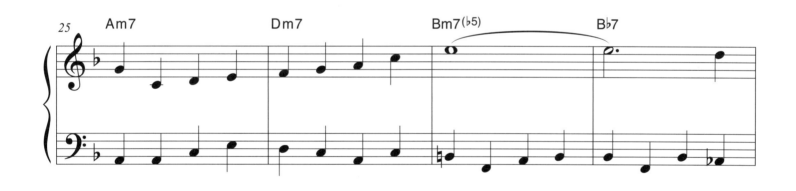

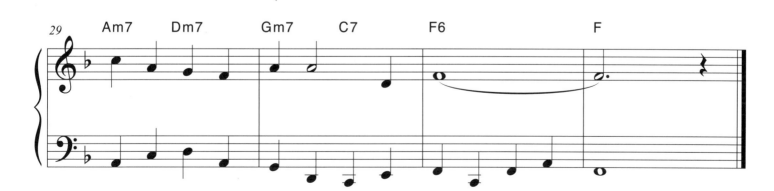

Profile

♪ 유튜브 채널 바로가기

저자 **최동규** 교수

· 경희대학교 음악대학 졸업 및 동대학원 실용음악석사
· '어떻게 이렇게', '기억하겠죠', '꿈 그리기', 'Memories',
  '친구를 만난 고양이', '피아노를 만난 고양이' 음반 발매
· 평창동계올림픽 응원가 'We Go 평창' 콰이어 편곡
· SBS드라마 '돈의 화신' BGM 작,편곡 및 연주
· KBS FM 음악앨범 '이 주의 아티스트' 코너 진행
· MBC 음악 FM 개국30주년 기념 로고송 작,편곡
· ISO 국제예술자격 교육개발위원 및 평가위원
· K-Pop 국제 청소년 페스티벌 심사위원
· CBS 전국 청소년 음악콩쿨 심사위원
· 전국음악교육협의회 급수검정 심사위원
· 충청대학교 실용음악과 교수

저서
· 「바이엘 레시피 ①~④」
· 「체르니 레시피」
· 「젓가락 반주 레시피 ① · ②, 가요편」
· 「반주 레시피(개정판) ①~④」
· 「NEW 반주 레시피(성인편) ①~④」
· 「시작하는 사람들을 위한 바이엘 레시피(성인편) ①, ②」

· 「바이엘부터 시작하는 코드 이론 레시피(very easy) ①~⑦」
· 「쉽게 익히는 코드 이론 레시피(easy) ①~③」
· 「재즈 소곡 피아노 레시피(개정판) ①~③」
· 「포핸즈 레시피 ①~③」
· 「실용 재즈 피아노 레시피 브라운 편/ 퍼플 편」
· 「데일리 재즈 피아노 레시피 워킹 베이스 ①, ②」

저자의 SNS를 통해 좀 더 많은 실용음악의 정보를 얻을 수 있습니다.

Instagram   www.instagram.com/pianorecipe/

YouTube   www.youtube.com/channel/UCvldqvM4yVaZc7-ayGFp3Zw

KakaoTalk Plus친구   pf.kakao.com/_xibHxgj   카카오톡 검색창에서 "피아노 레시피" 플러스 친구를 검색 후 친구추가를 해보세요!

데일리 재즈 피아노 레시피 워킹 베이스 ① 최동규 편저

발행인 박현수
발행처 세광음악출판사 | 서울특별시 구로구 벚꽃로76길 27
　　　　 Tel. 02)714-0048, 50(내용 문의)　　Fax. 02)719-2656
　　　　 http://www.sekwangmall.co.kr

공급처 (주)세광아트 Tel. 02)719-2652　　Fax. 02)719-2191

|**총괄**| 강성호
|**편집 및 교정**| 이슬기, 유은재
|**디자인**| 이민희, 박지민
|**제작**| 김상준
|**마케팅**| 강성호, 윤미희
|**감수**| 문혜주

등록번호　제 3-108호(1953. 2. 12)
ISBN　978-89-03-35351-5 93670

© 2025 최동규